市民自治創生史

―古代ギリシアから現代―

神谷　秀之

公人の友社

目　次

はじめに

市民自治とは、平たく言えば民主政治（デモクラシー）のことである。

人類で初めて、市民自治の仕組み「民主政治」を全国民レベルで作り上げたのは、古代ギリシアのアテナイ（現アテネ）市民だった。それは市民（国民）全員が等しく政治参加する革命的な仕組みだったが、一度の革命によってできあがったものではなかった。貴族だけでなく平民も含めたアテナイ市民全員が政治的な力（参政権）を持つようになるのには長い時間を必要とし、その仕組みも試行錯誤しながら段々とより精微に整備されていった。民主政治は、百年以上にもわたって様々な改革や事件を経ながら徐々に確立していき、アテナイ市民の生活様式、文化を形成した。

古代ギリシアで生まれた民主政治は、その後、「法の支配」「個人自由」など様々な思想・制度と融合し、現代民主政治へと進展していった。とはいえ、現代民主政治であっても市民自治こそが民主政治の根幹であることには変わりがなく、市民自治なき民主政治は民主政治ではない。現代民主政治の原型はまぎれもなく古代ギリシアでつくられたのだ。

本書では、紆余曲折を経ながら古代ギリシアでどのように市民自治が形成されていったのか、アテナイ市民の物語を記す。現代日本の政治に通じるような出来事や教訓もふんだんに出てくることだろう。それを踏まえた上で、終章において、現代民主政治の構造を概説する。世界中で民主政治の危機が叫ばれる中、民主政治とは何か、その意味と意義を感じることができるだろう。

第1部　史話・アテナイ市民の自治（アウトノミア）

※アウトノミアとは、自分自身が法であること（独立自治）
アウトス（自ら）とノモス（法）からなる合成語
英語オートノミー（自治・自律）の語源

序章　奇跡の発明

それは、世にも不思議で奇妙な仕組みだった。当時はもちろん、今から見ても。しかし、まぎれもなく、人類の歴史を変えた崇高なアイデアであり、現代社会のルーツとなる偉大な創造であり、私たちの「今」をつくった大発明であった。

市民全員による支配

私たちの暮らし、思考、行動は、これまで、先人が成し遂げたかずかずの偉業によって、飛躍的に進化してきた。その偉業として、火、農耕、言語、文字、貨幣、活版印刷、蒸気機関など、いくつかの大発明を例示することができるが、中でも
今からおよそ2千5百年前の紀元前6世紀末に、古代ギリシアのポリス（都市国家）市民――アテナイ人――が生み出した奇想天外な仕組みは、私たち現代人の生活様式をかたちづくった、人類最大級の発明のひとつといえるだろう。その発明とは…
自分たちのことは自分たちで決める、という「市民自治」の仕組みを指す。
彼らは、「合意に則って市民自らが問題を解決する」という自己解決型の政治体制をつくり出し

たのだ。

市民間の合意形成の仕方も、「話し合いを踏まえた多数決」という奇抜な手法を考案した。彼らは、市民一人一人が自分の意志を持っていると信じていたから、異なる個々人の意見が自然と一つにまとまり合意に至る、とは夢想しなかった。そんな予定調和はあり得ないと思った。したがって、合意形成の手続きとして、開かれた議論（公開討論）を必須の条件にし、最終段階の票決に当たっても、全員一致という幻想を退け、多数決を採用した。

その票決（多数決によって形成された市民合意）に、彼らは逆らうことなく従った。私たちがよく知る事例を挙げれば、アテナイ人の哲学者ソクラテスは市民の過半数が下した自身への死刑判決を迷うことなく受け入れた。いわば彼らは、合意形成ルール「多数決原理」を政治・社会の公理として確立させ、自らが合意して定めた規律によって自らの言動を縛ったのだ。ゆえに、彼らの社会では、自らの法で自ら規律を定めることを意味する「アウトノミア（自治）」が、理想原理のひとつとなった。

以上を踏まえて言い換えると、古代ギリシア人の発明とは、次のように定義できる。

話し合いに基づく多数決という方法で、市民共通（公共）の課題を市民が自力で解決する仕組み
この仕組みを使って彼らは、自らが主体となって物事に決着をつけた。けっして人任せにしなかった。彼らにとって大事なのは、市民全員にとって何が一番良いかを「自分で考えて自分で決定すること」だった。つまり彼らは、自らが選んだ結果に個々人が責任を負う、と覚悟を決めたのだ。

これに対して、当時の世界の常識は、オカミとなった支配者がシモジモの民を従わせる、という秩序だった。すなわち、ほとんどの人々は、武力と宗教的権威に支えられたオカミに隷従する臣民であり、思考を停止させて自己決定しなかった。換言すると、自分の意志を持つことが認められておらず、オカミに依存していた。当然のことながら、ほとんどの人々は、自らを縛る規律づくりに一切関わることなく、支配者が定めた規律に縛られるのみだった。そんな世の中にあって、古代ギリシア人の試みは前代未聞のことだった。

誰も思いもしなかった、この型破りで革命的な仕組みを、古代ギリシア人は、「市民団（デモス＝市民全員）の支配（クラトス）」を意味する「デモクラティア」と名付けた。今日では全世界で「デモクラシー（民主政治）」と称されている。

市民すべてが対等な支配者

デモクラティアの最大の特質は、王、神官、貴族、官僚といった一握りの権力者（オカミ）ではなく、市民のすべてが支配（政治）の担い手となったことにある。

しかも、驚くべきことに、市民個々は、出自（家柄）や貧富に関係なく、互いに対等な立場で政治に関与できた。市民なら誰でも自由に出席・発言・投票できる市民総会「民会」を国（ポリス）の意志決定機関と定め、その民会における説得と市民合意の獲得によって国を運営したのだ。

民会では貴族であろうが平民であろうが市民ならば一人一票を投じることができ、市民が等しく国政の決定権を握っていた。加えて、市民の誰もが、今日の大臣、国会議員、官僚、裁判官に相当するポリスの公職（支配の権限を行使する為政者ポスト）に選出される権利を有し、公職に就くことができた。

まさしくデモクラティアとは、自由・平等で自立した市民による自治の仕組みだった。ただし、デモクラティアは致命的な欠陥を抱えていた。成年男子の市民のみに限定した仕組みであり、現代人の視点でみれば、とても民主的とはいえないものだった。人口のおよそ半分を占める女性、さらには奴隷、外国人ら、住民の大多数はデモクラティアから排除されていた。市民以外の権利には目をつぶっており、とりわけ、「物言う道具」とされた奴隷に象徴されるように、すべての人間が生まれながらに持っている人権という価値観は完全に欠落していた。

このような限界があったとはいえ、それでも、市民のことごとくが国の命運を決める主役になったことは、衝撃的なことであり、人類史の画期だった。

治者と被治者の区別をなくす

目指したのは、市民は支配する主体でありながら同時に支配される対象でもある、という「治者と被治者の同一」の体制だった。すなわち、市民が市民自らを支配する（市民が自らを治める）、という「市民自治」の体制だ。19世紀の米国大統領リンカーンのゲティスバーグ演説を踏まえて現代風に言い換えると、「市民が市民を市民のために治める政治」、より一般的な邦訳では「人民の人民による人民のための政治」と表現できる。

当時の人間界では、治者は支配するばかり、被治者は支配されるばかり、という体制しか存在していなかった。治者と被治者とは明確に分離し、その関係が固定されており、両者の間には大きな差異（身分の壁）があるとみなされていた。その差異は神・天が定めた秩序であり、神・天の認めるオカミ（治者）がシモジモ（被治者）を支配する、というのが当たり前の常識だった。支配されるシモジモも、その秩序を疑うことなく受け入れ、支配者であるオカミを崇拝していた。

にもかかわらず、古代ギリシア人は、その常識と秩序をきっぱりと拒絶して、世界で初めて、支配者と被支配者との区別をなくし、その境界を取り払おうとしたのだ。彼らは、治めかつ治められる、という理想の政治を追い求め続けた。

よって、「万学の祖」と呼ばれる古代ギリシアの哲学者アリストテレスも、「市民は支配されることも支配することも知り、かつ出来なければならない」「支配する者は支配されることによって支配を学ばなければならない」などと言明した。

実際のところ古代ギリシア人は、市民に治者と被治者との区別をつくらないよう、工夫をこらして精緻な制度をつくりあげた。市民総会「民会」を国の意志決定機関としただけにとどまらず、国政の実務を担うポリスの公職（為政者ポスト）には市民が交替で就く、というルールを定め、順番で支配する側と支配される側に立つようにしたのだ。

例えば、市民全員の中からクジ引きで公職に就く人を選んだのをはじめ、▽公職の１年任期制▽公職の２年連続就任の禁止▽同一の公職ポストに複数（10人）の市民を就任させる同僚制――などを制度化した。さらには、市民の投票によって、独裁者になりそうな市民を10年間国外追放する陶片追放（オストラキスモス）の制度までも創設した。

クジ引きによる公職者選出、陶片追放などは現代人にはとりわけ奇異に感じてしまうが、これらの制度からは、できるだけ多くの市民を支配に関与させ、特定の人物への権力集中を極力排除する、という彼らの強い意図が鮮明に見てとれる。

それほどまでに古代ギリシア人は、権力を長期間握って他の市民を支配する、逆に、政治の実務から離れて支配されることを甘受する、そんな市民が生まれないように身を砕いたのだ。

自由とは政治に参加すること

彼らの理想原理「エレウテリア（自由）」という言葉は、私たちが今日使う「自由」の用法――私的な個人自由を尊重する近代以降の用法――とはやや異なる。もちろん、日本における伝来の漢語「自由」が持つ「わがまま勝手」という用法ではあり得ない。

エレウテリアという言葉は、共同体に所属することに由来しており、支配していること、言い換えれば、誰からも支配されていないことを意味した。

したがって彼らの世界では、支配に関わらないで支配に服するだけの隷従者は自由ではない、と受け止められた。支配つまり政治に参加しないで、私生活に閉じこもるような市民は、無知で無能で無用な者だとみなされ、「イディオテス（私人）」と呼ばれた。英語の「イディオット（愚か者）」の語源である。

ゆえに、アテナイ黄金期を築いた政治家ペリクレスは「アテナイでは、政治に関与しない人間を、余暇を楽しむ者とはいわず、ただ役立たずとみなす」と弁じた。古代ギリシア三大悲劇作家の一人でアテナイ人のエウリピデスも「自由とは『誰かポリス（祖国）のためになる意見を述べようとする者はいないか』ということに尽きる」と、市民が政治発言する重要性を指摘した。アテナイ人の喜劇作家アリストファネスは「政治に無関心の人は愚者に支配される危険を招く」と、政治に参加しない市民の害を説いた。

政治に参加することを何よりも重んじた古代ギリシア人。アリストテレスが「市民であるということは政治と裁判――つまり政治権力――に参加することである」と断じたように、彼らにとって政治参加は、エレウテリア（自由）を守るための、生きる目的とさえいっていいほどだった。

多数決で権力の座を争う人々

以上のような仕組みを編み出したのは地球上で、ただ古代ギリシア人のみだった。したがって、政治に主体的に関わる「市民」という人間型も、政治参加を尊ぶ文化・社会も、ポリスにおいて最初につくり出された。そもそも、市民が権力の淵源となるポリスのような国自体が、古代ローマにみられる程度――そこではポリスではなくラテン語でキヴィタスあるいはレス・プブリカと呼ばれた――で、世界史上ほとんど痕跡がない。

それゆえに、彼らの存在はこの上なく異質であり、さらにいえば、異常で、邪道で、異端で、例外だった。話し合いと票決によって「市民みんな（公共）」の問題を自己解決する人々、とりわけ、多数決によって権力の座を争う人々など、どこにも存在しなかった。

これに対して、普通で正常な他の世界では、解決されるのは権力者の問題だけで、市民みんな（公共）の問題自体が存在しなかったし、話し合いによる票決ではなく、殺し合いによる闘争決着という鉄則で動いていた。内紛が発生した場合には、武力にものを言わせ、最終的には血を血で洗う闘争によって解決が図られた。言うまでもなく、支配する者と支配される者とは明確に分離されていた。シモジモは参政権を持たず、オカミに支配される隷従者にとどまった。

普通で正常な世界の人々にとっては、古代ギリシア人の仕組みはまったく理解不能だった。その仕組みは、世の人々に理解されないまま、古代ギリシアのポリス世界が衰退するにつれて、時の移ろうとともに忘れ去られていった。

殺し合いから話し合いへ

古代ギリシア人の偉業に気づいたのは、市民革命を経た近代以降だった。ここにきて人々はようやく、説得と合意による問題解決の意義が理解できるようになった。殺し合いによる闘争決着という旧来の鉄則は見直され、話し合いによる投票（多数決）決着という新たな規範が先進国内で常態化した。このルール変更は「頭を打ち割る代わりに頭数を算える」「弾丸を投票に代える」などと言い表された。

世界中で、国民に参政権を与える動きが広がり、話し合いによる票決という手法が取り入れられていったのだ。その結果、「投票用紙は弾丸よりも強い」「選挙無しには自由政治を持つことはできない」などという民主的な考え方も普及していった。

確かに現実には、現代においてもまだ非民主国が数多く存在する。それらの国の実情は、国民が主権者となって話し合いと投票で政治を動かす、という体制とはかけ離れている。

とはいうものの、そんな非民主的な国々でさえ、民主政治をあからさまに否定することはもうできない。それどころか、独裁を強めている国ほど、民主政治を装うことに懸命となっている。キム（金）家による三代世襲の独裁政権が続く朝鮮民主主義人民共和国（北朝鮮）のように、国名に「民主主義」という言葉をわざわざ入れる国。民主政治の体裁を整えるために選挙は実施しているけれども、立候補を制限したり、独裁者への投票を強要したり、投票結果を粉飾したりするなど、政権に都合のよい結果しか出ないように偽装している国。独裁者に追従するだけの無意味な議会を形式的に設置している国などだ。

今や、民主政治は普遍的で正当な政治制度として認知された、といっていいだろう。少なくとも日米欧の先進国では、話し合いによる投票決着から殺し合いによる闘争決着へ戻すことなどありえないし、国民から参政権を取り上げることも考えられない。デモクラティアの真髄は今の世に再生し、当たり前の仕組み、つまり現代の「常識」となったのだ。

そんな市民自治の仕組み「デモクラティア」――。手本となる国（モデル）も参考とする理論（教科書）もない中で、それをアテナイ人は、いったいどのように生み育てたのだろうか。そして、それは現代においてどう活かされているのだろうか。

第1章　市民の分断　――調停者から独裁者へ

1　ポリス瓦解の危機

市民の奴隷転落

前6世紀初め、アテナイというポリスは瓦解の危機に瀕していた。

当時のアテナイは貴族が支配するポリスだった。政治を独占する貴族に対して平民の不満は高まるばかりだったが、加えて、これに拍車をかける決定的な大問題が発生し、社会不安が極大化していた。

貧富の格差拡大

これがアテナイの社会を壊している元凶だった。貴族をはじめとする金持ちの市民がますます富む一方、平民ら貧しい市民はますます貧していった。いつの世でも社会に富が蓄えられると格差拡大が社会問題化するが、アテナイではその度合いがケタ外れだった。

あろうことか、金持ちの市民が貧しい市民を奴隷にする、という由々しき事態が続出したのである。自由身分である市民が非自由身分の奴隷に転落したら、「市民の国」たるポリスは成り立たなくなってしまう。なのに、金持ちの市民は、仲間であるはずの市民の自由を奪って奴隷転落を促し続けていた。

金持ちの市民によって貧しい市民が家族もろとも奴隷として売られる、そんな光景を頻繁に見るはめになった平民は、自身の将来に不安を募らせ不平不満の声をあげた。平民は貴族と対立し、両者の闘争は激化する一方だった。アテナイの社会は分断され悲鳴を上げていた。

なぜこんなことになったのか？　きっかけは、海外植民だった。

海外植民

前8世紀頃から古代ギリシア人は、彼らが「ポリス」と呼ぶ国を形成していった。ポリスは、「エレウテリア（自由）」「アウトノミア（自治）」「アウタルケイア（自足）」を理想原理とする、古代ギリシア独特の小規模な独立国だった。

彼らのポリスは、食糧生産の面で大きな問題を抱えていた。メソポタミア、エジプト、インダス、黄河という肥沃な大河流域に栄えた古代文明圏に比べ、大河がなく平野の狭いギリシアでは、増加する人口を養うだけの穀物——特に常食である小麦——をつくることが難しかったのだ。

その帰結として、人口が増えると食糧が頻繁に不足した。各ポリスは、慢性的な過剰人口に悩まされ続け、その口減らしのために移住先となる植民市を海外に盛んに建設した。

植民市は、貧しい市民らが食糧（農地）を求めて海外進出した新天地であり、「故郷を離れた家」「戸外の家」を意味する「アポイキア」と呼ばれた。本国の領土に組み入れられる近代帝国主義の植民地とはまったく異なり、アポイキア（植民市）は、本国に隷属しない、固有の法を持つ新たな独立したポリスとして建国された。

こうした海外植民の大展開は前8世紀半ばから約2百年間に及んだ。その結果、ポリスの数は最盛期、地中海沿岸を中心に１５００にも及んだ。その中には現在も残っている都市もあり、例示すれば、現在のフランスのマルセイユ市はマッサリア、イタリアのナポリ市はネアポリス、トルコのイスタンブール市はビザンティオンというギリシア人植民市に由来する。

各ポリスは独立国だったけれども、それぞれのポリス市民は、言葉や宗教、生活様式などを共有する同じギリシア人――自称「ヘレネス」――という認識を持っていた。その最も分かりやすい事例としては、前７７６年に始まった古代オリンピックを挙げることができる。同じヘレネスとして各ポリスの市民がオリンピアに集まり栄誉を競ったのだ。だから、海外植民によって地中海沿岸のいたるところにポリスが生まれると、ヘレネスのつながりからポリス間の交易が活発になった。

ヘクテモロイ（6分の1）

交易が活発化した結果、アテナイでは前7世紀、農地を拡大して農作物や農産加工品を輸出する動きが広まった。主な輸出品は、アテナイ特産のオリーブ油やワインだった。その人気は各国で沸騰し、輸出すれば希少商品として高値で売りさばくことができた。輸出すればするほど儲かったため、原料となるオリーブやブドウの生産量を増やそうと、貴族の間で農地を広げる動きが加速した。

これに対して平民は、輸出に成功して貴族に匹敵するような財を築く者も現れたが、大多数は生活に困窮していた。彼らは中小農民であり、その狭い農地を懸命に耕していても収穫量はしれていた。不作となれば、収穫物を食い尽くし、次の収穫まで食べるものがなくなった。それどころか、翌年分の種子さえ確保できず、耕作を続けることができなくなった。そんな平民は、やむを得ず、小麦などの食糧や種子を富裕市民から借りるようになった。

〔この当時（前6世紀初め）アテナイではまだ貨幣が普及していない。借りるのは金銭ではないが、イメージしやすいように食糧などを借りる場合でも「借金」と表現する〕

ところが、食糧を平民に貸すよりも、オリーブ油やワインを輸出した方がはるかに儲かったから、自然と、食糧貸与の利子は跳ね上がった。しまいには１００パーセントを超える途方もない高利になった。しかし、たとえ高利であっても困窮した平民は借金せざるをえない弱い立場だった。天候不順などでちょっとした不作となれば、たちまち彼らは借金を返済できなくなった。

返済が滞ると、ついには、収穫物の６分の1を債権者に納める義務を負った。自分の農地でありながら事実上、6分の1の収穫物という「地代」を払わないと耕作できなくなってしまった。「自作農」として自立していたはずの市民は、債権者に隷属して耕作する「小作人」のような存在に転げ落ちたのだ。彼らは「ヘクテモロイ（6分の1）」と呼ばれた。

ヘクテモロイの中には次第に、6分の1の収穫物も支払えなくなり、家族ともども奴隷に転落する者さえ現れた。ヘクテモロイは、わが身を担保にして、滞納すれば自身も妻子も奴隷に売られる、という条件で農地を耕作していたためだった。アテナイでは当時、借金のかたに市民を奴隷として売り飛ばすことは、法で禁じられておらず合法だったのだ。

奴隷に転落する市民が続出すると、平民は誰もが「明日はわが身」という不安を抱くようになった。政権を握る貴族に対して不満を爆発させていった。そして、土地（農地）の再配分を要求し始めた。一方、貴族はあいかわらず尊大だった。家柄を盾に自らの権利を主張し、借金を返済できない市民を奴隷化することは合法だと強調した。貴族と平民との対立は激化するばかりで、収拾の見通しがつかなかった。彼らの言葉で言えば、まさに「スタシス（内紛、内乱）」だった。

市民

これが、ポリスにとっていかに危機的状況だったたか。

古代ギリシアが他の文明と決定的に異なっていたことは、ポリスの主柱が市民であったことだった。その市民とは、自作農の自由人であり、国防戦士であった。

第一に、市民はポリスのノモス（法）の下で自由人として自立していた。ポリスでは、貴族・平民という社会的な階層や、富者・貧者という経済的な階層はあるものの、市民相互に人格的な支配・従属関係はなかった。したがって、貴族が権力を独占する寡頭政下であっても、貴族と平民との間に主従の支配関係はまったくなく、貴族が土地を占有して平民に耕作させる、ということもなかった。そもそも市民は本来、クレロス（分割地）を持つ独立自営の農民だった。クレロスとは、もとは籤（クジ）を意味し、クジ引きによってポリスの占有地を市民間で分配したことに由来する言葉で、市民の私有地を指す。

つまり市民は、耕作する自らの農地を持ち、誰からも束縛されずに自ら行動し責任を負う自作農の自由人だったのだ。その市民がヘクテモロイや奴隷になるということは、独立自営の農民から脱落し、自由人としての存在を否定されることであった。アテナイにとっては、ポリスの主柱である市民を喪失することであり、まさしくそれは国の自壊に直結した。

第二に、市民の最大の「義務」あるいは「使命」は、ポリスという祖国の防衛だった。

初期のポリスでは戦争は、貴族の騎兵が縦横無尽に戦場を駆け巡り、敵との一騎打ちによって勝敗を決した。ポリスでは、武具は自費で調達するのが原則（武具自弁の原則）だったため、馬を購入し飼育できる金持ちの貴族しか騎兵にはなれなかった。貴族が、祖国防衛の戦士としての役割を担ったから、政治に関わる権利も独占した。平民は、戦士として機能していなかったので、自由人ではあっても、参政権は持っていなかった。軍事の担い手である貴族の地位は、ポリスを守る勇者として平民からも尊敬され、ポリス内で安定した。当然のように、貴族がリーダーとなる寡頭政となり、平民もそれに異論はなかった。

ところが、前8世紀後半から戦闘方法に大きな変化が現れた。新たな武具が開発されて、貴族による騎兵の一騎打ちは時代遅れになった。騎兵に代わって戦争の主役になったのは、直径1メートルの円形の盾を左手に、長い突き槍を右手に持ち、鎧・兜・すね当てに身を固めた重装歩兵（ホプリテス）だった。戦法も、貴族による一騎打ちの個人戦から、重装歩兵が整然と隊列を組む密集隊形（ファランクス）で戦う集団戦へ、一変した。

ファランクスの戦い方は、重装歩兵が隊列ごとに肩を寄せ合って隙間なく円盾で覆い、そのまま敵に肉薄してぶち当たり、長い突き槍で攻撃する、というものだった。最前列の戦士が倒れたら、すぐ後ろにいる戦士がその代わりを務め、密集隊形を崩さないようにした。

密集隊形を組むにはより多くの重装歩兵が必要になった。さらに、重装歩兵の武具の値段も次第に安くなった。このため、平民が次々と戦士となっていった。そのおかげでポリスの戦力は著しく向上したが、より多くの平民がより多くの戦場で活躍するたびに、平民は戦士としての地位を高め、参政権を求めて貴族と対立し始めた。

そんな中、アテナイでは平民がとめどなく奴隷に転落していた。この現実は、祖国防衛を担う市民戦士の減少、つまりは国防力の低下を招くことであり、捨ててはおけない事態だった。

ポリス

このようにポリスとは、自由・平等で自立した市民が全員でつくる集団「われら市民の共同体」だった。王のような特定の権力者が統治する、当時の一般的な国とは決定的に異なっていた。ポリスは、市民全員の共有財産、つまり「市民みんなのもの」であり、一握りの権力者のものではなかった。したがって、ポリスには宮殿、大豪邸、大墳墓は存在せず、あるのは守護神を祀った神殿（例えばアテナイのパルテノン神殿）、アゴラ（広場）、劇場といった公共施設ばかりだった。

「市民みんなのもの」であるため、すべてのポリスは、市民の政治参加が可能なコンパクトな規模に収まっていた。具体的な規模はポリス個々によって千差万別だったが、いずれもが、人口でいうと、成年男子の市民が数百人から数万人の範囲内という少なさだった。平均的なポリスで約１千人の規模であり、１万人を超える方が珍しかった。最大規模のポリスだったアテナイでも最盛期の前5世紀で、市民は4万人程度にとどまり、女性、子供、在留外国人、奴隷を含めても全人口は30万人ほどだった。国土の大きさもアテナイで佐賀県ぐらいにすぎなかった。

以上をざっくり言えば、ポリスとは市民団のことだった。つまり「ポリス＝市民団」なのだ。

何より象徴的なのは当時、「アテナイ」「スパルタ」「コリントス」などという国名はなかった。古代ギリシアの人々は「アテナイ人」「ラケダイモン人（スパルタ人のこと）」「コリントス人」と呼んでおり、これが正規の国名だった。彼らが「アテナイ人（アテナイオイ）」と言う場合、それは「アテナイ市民団」を指し、今日で言う「アテナイ国」を意味した。

ゆえに、今日の国民国家と比べると、領土は副次的意味しか持たなかった。各ポリスは頻繁に戦争を繰り返したが、多くは略奪・奴隷獲得・利権争いなどが目的で、今日のように、ひたすら領土拡大を目指す戦争はほとんどなかった。前述したように、海外に植民する際も、征服による領土拡大ではなく、独立したアポイキア（植民市）を新たに建国する手法をとった。

だから、ペリクレスは「アテナイとは、城壁やその他の土木施設のことではなく、アテナイ人のことである」と述べた。また前480年、アテナイの国土（アッティカ地方）をペルシア軍に占領され、アテナイ市民が国外へ避難した時、アテナイの指導者テミストクレスは「アテナイ市民が乗る2百の軍艦のある限り、自分たちには強大な祖国と国土があるのだ」と主張した。

彼らは、領土を失っても市民団が健在ならばポリスは存続する、と考えていたのだ。逆に言えば、領土があっても市民団が崩壊すればポリスは消滅するのである。

こうしたポリスの特質をみれば、アテナイの危機的状況がよく理解できるだろう。アテナイでは、貧富の格差拡大によって多くの市民が奴隷に転落し、ポリスと同義である市民団そのものが崩壊し始めていたのだ。ポリス消滅の危機といえた。対策が急務だった。

２　ソロンの改革

貴族と平民の妥協

始まりはソロンからだった。彼が「ソロンの改革」と呼ばれる史上初めての政治改革を実現したのは前５９４年。それは彼が権力を奪取し強行したのではなかった。アテナイ市民から、しかも激しく対立する貴族と平民の双方から依頼されて実行したのだった。

ポリス消滅の危機に直面してアテナイ市民は、なんとかしなければならないと考えた。しかし、一方が他方を力で押さえつけるという従来の手法は、市民団の分裂を加速してしまうので放棄せざるを得なかった。危機打開に向けてアテナイ市民が捻り出したのは、仲裁する人間を介在させてその調停に従う、という紛争解決の新しい手法だった。つまり、貴族と平民の双方が受け入れ可能な解決策をソロンに法制化してもらって問題を解決する、という筋書きを描いたのだ。

その結果、あれほど激しくいがみ合って対立していたにもかかわらず、貴族も平民も富者も貧者も、これまでの遺恨に目をつぶって事態収拾のため、ソロンに改革の全権を与えて調停してもらうことで合意した。アテナイにおける貴族と平民との最初の妥協だった。

前594年、アテナイ市民は、ソロンを「アルコン（執政官）」に選出し、同時に「調停者」という役職も与えた。ソロン、40歳代半ばの働き盛りの頃だった。

アルコン（執政官）

ソロンが就任したアルコンとは、アテナイの舵取りを行うポリス最高役職のことをいう。「支配者」を意味する言葉で、日本では通常「執政官」と訳される。

ソロンの時代には、アルコンは1年任期で毎年9人が貴族から選ばれた。9人の内訳は、▽政治・行政を担当する筆頭アルコン（エポニュモス＝名祖アルコン）1人、▽王を意味し、祭祀を担当するバシレウス（祭祀官）1人、▽軍事を担当するポレマルコス（軍事長官）1人、▽掟を立てる者を意味し、法の記録や裁判を担当するテスモテタイ（法務官）6人――だった。広義にはこの9人全員がアルコンだが、狭義には筆頭アルコンのみを指した。あえて現代日本で例えるならば、広義のアルコン9人は、今日の内閣と最高裁判所の機能を担う閣僚と最高裁判所長官のようなもので、狭義の筆頭アルコンは首相といえよう。ソロンが就任したのは、もちろん筆頭アルコンだ。

ちなみに、アルコンという役職は、ポリス形成以前に王政を敷いていたアテナイ王から、貴族が権力を奪う過程で誕生した。まず、筆頭アルコン、バシレウス（祭祀官）、ポレマルコス（軍事長官）の3役が、王権を3分化するかたちで創設された。任期は終身で、はじめは3役とも王家が握った。

しかし、次第に貴族の力が強まり、前8世紀中頃には、任期を10年に限定し、貴族が就任できるように制度を変更した。前683年には任期を1年に縮め、筆頭アルコンの名前でその年号を記す制度――例えば前５９４年を「ソロンがアルコンの年」と表記する仕組み――を導入した。同時期には、テスモテタイ（法務官）６人も加え、アルコン９人の体制が整備された。９人とも就任できるのは貴族のみで、貴族が持ち回りで政権の座に就いた。ここに王政は根絶され、名実ともにアルコンがアテナイの支配者となった。

すると、有力貴族のアルコン経験者を終身メンバーとする「アレオパゴス会議」が結成された。元老院ともいうべきこのアルコンＯＢ会は、アルコンが任期1年という制約を抱える中、法の監視、公職者の処罰、国政の監督、さらにはアルコン選出などに強い影響力を発揮し、アテナイの実権を左右するような日常的な権力機関になっていった。

というわけで、筆頭アルコンになったからといっても、必ずしもソロンが絶大な権力をふるえるわけではなかった。そこでアテナイ市民は、改革の全権を与えるため、「調停者」というポストを新たにつくって、初代の調停者にソロンを任命した。

調停者ソロン

アテナイ市民が調停を委ねたソロンは、前６４０年頃に生まれた。かつてのアテナイ王家の血筋を引く屈指の名家だったが、暮らしは裕福ではなかった。父親が大変優しい人だったようで貧しい人に渋ることなく資金援助したから家産は減る一方だった。生活費を稼ぐために、ソロンは若い頃から平民のように商人として働いた。オリーブ油の輸出などの貿易業を営み各国を駆け回った。商才を発揮して財は築いたが、金儲けに夢中になることはなかった。得意とする詩で「私は多くのことを学びつつ年をとる」と自ら表現するほど、日々学ぶことに喜びを感じるような人だった。各地を航海して見聞を広めたので大変な物知りであり、その上、高い良識を備えていたから、ギリシア7賢人の1人に数えられるほど高名となった。

しかも、ソロンは貴族でありながら平民を見下さなかった。普段「悪人が富み善人が苦しい労働に従事している」「内紛が起こるのは金持ちが貪欲すぎるせいだ」とも語っていた。

こうしたことから、アテナイでは貴族も平民もソロンを信頼していた。

ただし、貴族と平民とでは、ソロンの調停に対する期待はまったく異なっていた。

貴族は、ある程度の譲歩を覚悟していたが、「ソロンは貿易商を営んでいるから契約の大切さを知っている。正当な借金契約を無効にすることはないだろう」「ソロンは貴族だし、平民をなだめてくれるに違いない」と高をくくっていた。

一方、平民は「誠実なソロンは、われわれの窮状をきっと受け止めてくれる」「もともと土地の大きさが不公平なのだから、土地を再配分しないと問題は解決しない。ソロンは、土地の再配分に踏み切ってくれるだろう」と期待に胸を膨らませていた。土地をほぼ均等に再配分してホモイオイ（同等者）と呼ばれていたスパルタ市民を手本に、土地改革を進めることを望んでいた。

重荷おろし

調停者ソロンは直ちに、さまざまな対策を法制化した。その狙いは2点に集約できる。第1は、経済的に没落した貧困市民を救済することによって、市民団を甦らせてポリスの分解を回避すること。第2は、貴族が独占してきた参政権をより広い市民層に広げることによって、有力な平民の意向も国政に反映できる仕組みをつくること（国制改革）だ。

第1の貧困市民の救済では――。まず、元利も含めた負債を帳消しにした。これで、借金に苦しんでいる市民が一挙に救われた。これまでの借金を返す必要がなくなり、債権者に隷属しなくてもよくなった。事実上の小作農に転落したヘクテモロイも、借金だけでなく、借金に伴う6分の1の収穫物納入義務がなくなり、かつての自作農へ復帰できた。

この負債帳消し政策は「重荷おろし（セイサクテイア）」と呼ばれた。「重荷（アクトス）」を「揺り落とす（セイソー）」という意味の造語だ。「借金棒引き」というストレートな表現ではなく、「重荷おろし」という婉曲な言い回しをして、債権者である金持ち市民の反発を少しでも抑えようとしたのだ。のちのローマ時代の歴史作家プルタルコスは「アテナイ人は、不快な事柄をしゃれた言葉に変えて覆い隠してしまう。例えば、売春婦を友人、税金を拠出金、占領軍を守備隊などと言い換える。これは、ソロンの『重荷おろし』から始まる伝統だ」とからかった。

負債帳消しに続いて、市民の身体を抵当に取って金を貸すこと自体を禁じた。借金によって市民が奴隷にされる根源を絶つことにしたのだ。これで、将来に渡って市民は自由を失うことがなくなった。他のポリスでは借金によって市民が奴隷に転落することがあったが、ソロンの改革以降アテナイでは、戦争で敵国の捕虜奴隷となる場合を除いて、市民が奴隷に転落する事例は皆無となった。

さらに、これらの法を過去に遡って適用した。これで、借金のために既に奴隷にされていた市民も解放された。海外に奴隷として売られていた市民もできる限り買い戻された。その中にはアテナイの言葉を話せなくなるほど海外を流転していた者もいた。

　こうして、アテナイ市民団は崩壊の危機から脱した。自由人たる市民の身分は保障され、アテナイというポリスは守られた。

ティモクラティア（財産政治）

　第2の国制改革では——。「ティモクラティア（財産政治）」という新制度を導入した。すなわち、参政権の基準を、血統（身分・家柄）から経済力（財産・財力）に改めたのだ。具体的には、所有地の農産物収穫量によって市民を4階層に分け、それぞれの階層に応じて政治参加の権利を定めた。

　第1階層は、大金持ちの富豪クラス。小麦5百メディムノス（1メディムノスは約53リットル）を生産できる大土地所有者で、「五百石級（ペンタコシオメディムノイ）」と呼ばれた。

　第2階層は、富裕クラス。3百メディムノス以上の収穫地所有者で、戦時に馬で出陣できたので「騎士級（ヒッペイス）」と呼ばれた。市民のうち騎士になれたのは、馬を購入し飼育できるような金持ちだけだったのだ。

　第3階層は、中産クラス。2百メディムノス以上の収穫地所有者で、「農民級＝重装歩兵級（ゼウギタイ）」と呼ばれた。戦時には重装歩兵として参加した。

　第4階層は、無産クラス。2百メディムノス以下の収穫地しか持たない貧農や職人で、「労働者級（テテス）」と呼ばれた。兜や剣などの武具を調達できる資力さえなく、戦時には軽装歩兵や軍船の漕ぎ手として参加した。

以上の4階層の区分けは、実は、各市民の軍務を定める軍制上の都合から、ソロン以前にも存在していたともいわれている。ソロンの斬新さは、軍事上の4階層を活用して、政治参加の権利を定めたことにある。つまり、市民戦士としての義務を履行する能力に応じて市民の参政権を定めたのだ。市民個々の軍事上の貢献度は優れた武具をどれだけ調達できるかという財力によって決まるから、参政権も財力に対応して与えよう、という発想だ。

そしてソロンは、市民の権利である政治参加の度合いを次のように定めた。

アルコンなど要職に就くことができるのは、五百石級と騎士級の上位2階層に限定。中産クラスの農民級＝重装歩兵級は、中低位の公職に就くことができた。無産クラスの労働者級は、公職への就任は認められなかったものの、民会と、新設の市民裁判所に出席する権利を与えられた。

一つの権力を手にした平民

最下層の労働者級市民にも民会と市民裁判所へ出席する権利が与えられたことは、些細なことのようにみえたが、実は大きな意味を持った。

それによって、これまであまり重視されていなかった民会は、労働者級の市民も出席する全市民の集会つまり市民総会となり、公式の地位を著しく高めた。民会の市民総会化に伴い、民会を規律正しく効率的に開催する仕組みが必要となった。そこでソロンは、アテナイの全4部族から百人ずつ選出する四百人評議会を新設した。四百人評議会は、民会への提出案件を準備するのが仕事で、市民の参政権を円滑に機能させる役割を担った。

それ以上に大きかったのは、全市民が参加できる市民裁判所が創設されたことだった。これによって、貴族のみが判決を下していた裁判制度が改められ、裁判にも平民が関与できる仕組みが生まれたのだ。

ただし、市民裁判所は、一審から訴訟を審理する本来の裁判所ではなく、独立司法機関でもなかった。市民裁判所は、貴族による一審判決に不服がある場合に市民が上訴できる「不服救済裁判所」にすぎず、その実態も裁判目的で招集された民会だった。いわば市民総会となった民会が裁判所の一部機能を担うにとどまっていた。したがって、多くの市民は、影響は軽微であり、なんでもないことだと思っていた。どんなに不服があっても貴族の判決に従うほかなかった平民に対し、わずかながらの救済措置として、市民裁判所で審理し直す道を開いた、という程度だとみられていた。

ところが、この裁判制度の改革は、のちになって極めて重要なことになった。思わぬ形で平民は一つの権力を手にしたからだ。

今回の改革でソロンは、重荷おろしやティモクラティア（財産政治）以外にも、いくつかの法を定めた。例えば、▽実子のない市民が死んだ場合、自分の財産を遺言で自由に処分できる法（それまでは死者の意思よりも一族の意向が重視された）、▽自国を永久追放された亡命者や、一家を挙げて移住してくる技術者をアテナイ市民にする法、▽死者の悪口を禁じる法、▽女性の外出や祭礼を定める法、▽女相続人の法――などだ。

これらソロンが定めた法の文章は極めて分かりにくい書き方だったから、法の解釈などをめぐって、多くの係争が起こった。一審判決が出ても大多数の平民は「貴族の判決は気に入らない」と最終的に、その係争を市民裁判所に持ち込み、訴訟沙汰の多くが、平民も含めた市民全員で裁く市民裁判所に委ねられるようになった。全市民に占める平民の数は圧倒的だったから、その結果、市民裁判所で裁く平民の役割が高まった。こうして平民は、貴族の法の裁きに従うだけの客体から、法を操る主体へと生まれ変わっていった。のちになると、こうした結果を見通してソロンはわざと難文の法を定め、民主政への道筋をつけた、と解説する者まで現れた。

民主政の起点

ソロンの改革、特にその国制改革は、後の世で高く評価された。平民に閉ざしていた政治参加の扉を開けたという点で、アテナイ民主政の出発点となったからだ。

彼が創設したティモクラティア（財産政治）は、貧富によって市民の参政権に格差をつけたけれども、出自は不問とし身分の壁を撤去した。国政参加の基準を、血統（身分・家柄）から経済力（財産・財力）へと大きく変えた。貴族に劣らない財力があっても平民は政治に参加できなかったが、これ以降は、財産を持てば誰でも政治に参加できるようになった。

――現代人から見ると、ティモクラティア（財産政治）は、財産によって差別を固定するカースト制度のように映ってしまうかもしれない。だが、そうではない。まず確認しておきたいことは、参政権に差を設けたものの、4つの階層間に上下・主従の支配関係はまったくなかったことだ。最上層の五百石級市民といえども最下層の労働者級市民を搾取する存在ではなく、市民は同じポリスに生きる仲間だった。もう一つ補足すると、日本人はつい150年前まで出自を問う社会で暮らしていた。福沢諭吉は幕末、どんなに能力があってもその能力を殺してしまう身分制度を「親の敵でござる」と痛烈に批判した。それと比べると、２千６百年以上も前にソロンが身分を問わない政治の仕組みをつくりあげた意義が理解できるだろう――

出自を不問とするティモクラティア（財産政治）によって、権力を握るための基準は、身分から財産へ移行した。そして後に、貧富を不問とするデモクラティア（民主政）が確立すると、財産さえ最重要ではなくなり、巧みに議論して相手を説得する能力（弁才）が物を言うように変わっていくのである。名家の富豪であっても、言論によって市民の支持を獲得しない限り、リーダーになれなくなるのだ。アテナイの政治は「身分→財産→言論」へとその拠り所を移していき、「政治は言論による説得」という今日の常識を形成していくことになる。

市民の不満

このように後の世で高く評価されたソロンの改革だったが、改革時は、アテナイ市民からまったく歓迎されなかった。それどころか、貴族、平民の双方から不満の声が噴出した。

貴族は、重荷おろし（貴族の債権の帳消し）に憤り、行き過ぎた改革だと批判した。参政権を平民に開放したことにも苛立っていた。一方、平民は、負債が帳消しにされ市民身分を保障されたとはいえ、生活が改善されたわけではなく苦しいままだった。日々の糧を得るための土地が再配分されなかったことに失望し、不十分な改革だと不服を申し立てた。

これに対してソロンは「市民諸君が受け入れてくれる範囲内で最良の改革法を書き上げたつもり

だ」「貴族、平民双方に平等な改革を行い、どちらか一方が勝つことを私は認めなかった。もし一方に荷担したらアテナイは崩壊してしまう」などと説得したが、糠に釘だった。閉口したソロンは「諸国を見物してくる。10年後に帰国する」と言い残し、市民からの風当たりを避けるかのようにアテナイを離れてしまった。

ソロンが去っても、貴族、平民双方の不満はまったく収まらなかった。ソロンの改革は、市民団崩壊の危機を救ったとはいっても、アテナイが抱える根深い社会問題を根本的に解決することはできなかったからだった。富の不平等は残ったままで、格差の抜本是正につながらなかった。重荷おろしは実行したけれども、土地の再配分には手をつけなかったし、平民に一定の権利を与えたものの、貴族の特権には手をつけなかった。貴族と平民双方の言い分を仲裁する調停者としてのソロンの限界だった。

貴族と平民との対立は収拾せず、逆に激化していった。その混迷の中から、最強恐竜ティラノザウルスの語源ともなる忌み嫌われる政体が、とうとうアテナイに樹立されることになる。

3　僭主ペイシストラトス

改革後の混乱＝アナルキア＝

ソロンがアテナイを出国してから数年後、ついに、貴族と平民との対立は、ポリスの最高権力ポストである筆頭アルコンの座をめぐる争いに発展した。
アルコン職は貴族が独占していたが、ソロンの改革によって制度上は、富裕な市民ならば平民でも就任することが可能になった。平民にとって、この新たな参政権を活用しない手はない。仮に平民代表を筆頭アルコンに据えることが困難であるとしても、平民の権利を守り増大してくれる貴族を筆頭アルコンに据えようとした。

これに対して、ほとんどの貴族は、成り上がり者である平民の増長に我慢がならなかった。政治の伝統を覆すような変化は認めがたく耐えがたいものだった。平民が貴族の特権を剥ぎ取り始めていると危機感を抱いた。

貴族と平民との権力闘争は頂点に達し、国政は混乱した。その結果
前590年にはとうとう、筆頭アルコンを選出することができない異常な事態が発生した。その年だけでなく前586年も、筆頭アルコンを任命できなかった。筆頭アルコン不在のこの2年、アテナイの公式記録には「アナルキア」という言葉が刻まれた。

アナルキア（anarchia）とは、「否定接頭辞（an）＋アルコン（archon）」という状態のことであり、つまり「アルコンなし（支配者がいない）」という状態を指す。無政府状態や無秩序を意味する英語アナーキーは、このアナルキアという言葉から派生した。

異常事態は、アナルキアだけではなかった。1年の任期を超えても不当に居座る筆頭アルコンが出現したのだ。前582年に筆頭アルコンに選ばれた貴族ダマシアスは、貴族と平民との権力闘争によって毎年アルコンの選出がもめているのをいいことに、1年の任期がすぎても筆頭アルコンを

やめなかった。あわよくば僭主（独裁者）になってやろうとも考えた。

1年以上権力の座に留まることはもちろん許されないことだったが、貴族と平民とは激しく対立していたからダマシアスを罷免することができなかった。筆頭アルコンから引きずり下ろしたのは、結局、ダマシアスが筆頭アルコンに就任してから2年2カ月もたった前580年のことだった。

ダマシアスを解任した前580年は筆頭アルコンの任期があと10カ月残っていたから、残りの期間をどうするか、が問題となった。貴族と平民とが争ったすえに、10カ月を担当する筆頭アルコンを計10人選出し、各人に1カ月ずつの任期を務めさせることで決着した。10人の内訳は貴族・平民5人ずつとした。貴族と平民の窮余の妥協だった。見方を変えれば、貴族と同数で妥協するほど、平民の力は強くなっていたのだ。

ペイシストラトスの台頭

そんな中、頭角を現したのが名門貴族ペイシストラトスだった。ペイシストラトスは前600年頃アテナイ屈指の名家に生まれた。40歳ほど年長の親戚ソロンに幼い頃から可愛がってもらい、多くのことをソロンから学び、高い見識を備えていた。その上、男前で温厚・寛大な性格だったので、市民の人気も高かった。

この頃のアテナイは、まだ国力が脆弱で、軍事的にも経済的にもギリシアの「二等国」にすぎなかった。そんな貧弱な国であるのに、政治・行政は機能不全に陥っていた。名門貴族アルクメオン家の当主メガクレスが領袖の「海岸党」と、名門貴族リュクルゴスが領袖の「平野党」とが不毛な権力闘争を繰り返していたからだった。

こんな時、ペイシストラトスは、海岸党からも平野党からも無視されていた貧困層に目をつけ、彼らを組織して「山地党」という第３勢力をつくった。アテナイ市民は機能しない政治に辟易していたから、政治・行政の停滞を解消する新たな改革勢力として山地党に期待する者も多かった。ペイシストラトスは一目置かれる存在となり、大きな影響力を発揮する巨頭になっていった。

海岸党、平野党、山地党の領袖はいずれも名門貴族であり、３党派の抗争は貴族対平民という単純な構図では進まなかった。平民の政治力が高まったとはいえ、アテナイ全市民を引率できるような指導者になるには、個々の平民はまだ力量不足だったのだ。したがって、平民は自身の利益を実現してくれそうな有力貴族を見つけ、有力貴族はそうした平民をできるだけ多く自身の傘下に組み入れて、権力奪取を目指した。

平民にとって山地党の領袖ペイシストラトスはうってつけの有力貴族であり、彼を熱烈に支持した。その結果、ペイシストラトスは次第に、僭主への野心を抱くようになった。彼の野心をいち早く感じ取ったのは、10年の諸国行脚を終えてアテナイに帰国したソロンだった。

僭主（ティランノス）

僭主という言葉は、君主の称号を僭称する者を意味する。が、通常は、貴族と平民の対立を利用し、武力による非合法な手段で政権を奪取した、古代ギリシアの独裁者を指す。

僭主は、貴族政から民主政へ移行する過渡期に多くのポリスで現れた。従来、貴族政下で権力を握る場合、有力貴族の支持が不可欠で、彼らの意向に従わなければならなかった。しかし、僭主は、有力貴族の意向にも左右されない独裁的な権力を握ろうと、平民の支持を基盤として、反貴族の「平民の雄」として登場した。だから僭主は結果的に貴族政を崩す役割を果たした。

ちなみに、僭主を指すギリシア語ティランノスは、暴君を意味する英語タイラントの語源となった。ここから派生して、恐竜の中でも最も凶暴といわれる最大級の肉食恐竜にティラノサウルスという名称がつけられた。ティラノサウルスは、ティランノスとサウロス（トカゲ）から成り立っており「暴君竜」と邦訳される。

ただし、当初は僭主に、現在のような「暴君」というマイナスイメージはなかった。一人の人間が権力を握る単独の支配者という概念にすぎず、王とほぼ同義だった。

暴君を想起する言葉になるのは、前5世紀以降のことである。それまでに横暴で残虐な僭主が数多く出現したからだ。彼らは、市民共同体であるポリスの支配者でありながら、市民のことなどまったく気にもとめず、保身のためだけに、あるいは自らの嗜好のためだけに、自分勝手な蛮行を繰り返した。一例を挙げれば、アクラガスの僭主ファラリスは、真鍮の雄牛像を造らせ、空洞となっている像の胴体に人を閉じ込め、下から火であぶった。熱さに苦しむ人の叫び声が牛の鳴き声のように響く、という趣向を楽しんだ。

ソロンの抵抗

前561年、ペイシストラトスは、かねてから企てていた詭計を実行に移す。すなわち、自らの体を傷つけた上で、アゴラ（広場）で市民に「政敵から殺されそうになった。彼らは貧しい市民に肩入れする私の政策を快く思っていないのだ」と訴え、「どうか私に、武装した護衛をつけることを許してほしい」と求めた。常備軍も警察も存在しないポリスでは、私兵となりうる、武装した護衛を持つことは禁止されていた。その禁を破る特例をペイシストラトスは市民に要求したのだ。

血だらけになって演説するペイシストラトスの姿を見て、大勢の市民は彼に同情し憤慨した。そんな中、すぐさまソロンは市民に警告した。

「巧みな弁舌に諸君らは心を奪われている。うまい言葉には注意しろ。だまされるな。諸君は一人一人だと用心深いのに、集団になると頭が空っぽになる。武装した護衛を求めるのは、明らかに、僭主になろうと企んでいるのだ」

しかし、貧しい市民は、聞く耳を持たなかった。ペイシストラトスに肩入れし護衛をつけるよう、気色ばんだ。その勢いに富裕市民は尻込みして沈黙していた。ソロンは落胆した。

「貧者は、事態を理解しておらず、自分のやっていることが何を招くのか分かっていない。富者は、ペイシストラトスの僭主政の企てに気づいていながら、反対することを恐れている」

結局、市民はペイシストラトスに、棍棒で武装した護衛隊を引き連れることを認めた。ペイシストラトスは、武装した4百人もの護衛隊（市民公認のペイシストラトスの私兵）を編成し、彼らを従えて街を出歩いた。護衛隊に囲まれているのが日常当たり前の風景となった、その時、ペイシストラトスは突然、護衛隊を使ってポリスの中枢アクロポリスを占領し、僭主政の樹立を宣言した。

「市民の名の下に、市民の幸福のために、私は僭主になる」

紀元前561年、ペイシストラトスの第1次僭主政が成立した。武力クーデターによって、ペイシストラトスは、念願の僭主に就いた。アテナイは、貴族政の国から僭主政の独裁国になった。

これに対してソロンは、既にかなりの高齢で支持者もほとんどいなかったにもかかわらず、アゴラに出向いて市民に「自由を失うなかれ」と僭主政の打倒を呼びかけた。「ついこの前ならば、僭主政はわけなく防ぐことができた。僭主政が成立してしまった今、僭主政を打倒すれば、一段と輝かしい偉業となる」とも鼓舞した。しかし、市民は、僭主という独裁者を恐れ、誰も決起しなかった。なおもソロンは、自宅の門前に武器を並べ、「私は力の限り祖国とその法のために尽くした。他の者も同様に行動するように求める」と執拗に武装蜂起を訴えた。が、それでも、市民は動かなかった。

以後、ソロンは、静かに暮らしたが、詩を作ってアテナイ市民を非難し続けた。

「自分の卑怯から悲しい目にあったとて、神々を恨むことなかれ。護衛まで与えて、彼らの力を伸張させたのだから。奴隷に落ちたのは、その報いなのだ」

ソロンの過激な言動に、多くの人が「僭主に殺されてしまう」と心配した。友人は亡命を勧めたが、ソロンは従わなかった。ある友人が嘆いて「なぜ君はこんなにも理性を失ってしまったのか」と尋ねても、ソロンは「高齢のせいだ」と受け流した。

そんな人々の危惧に反してペイシストラトスは、僭主政を批判するソロンを迫害しなかった。それどころか、ソロンに敬意を表して、しばしば自宅に招いて厚くもてなした。しかも、ソロンの改革法にほとんど手をつけず、その法を遵守した。独裁者になったのに、法を無視して理不尽なことを実行する暴君にならなかったのだ。その結果、むしろ政治は安定した。

このため、ソロンもついには僭主ペイシストラトスの相談相手となり、彼の政治をすべてではないが多くは是認した。独裁を嫌ったソロンは、僭主政が成立した翌年（前560年）に永眠した。享年80歳とみられている。僭主政という悪夢を見て落胆したまま臨終したのか、それとも、ペイシストラトスが予想に反して善政に努めていることに安堵したのか、それは分かっていない。

僭主政の確立

アテナイ初の僭主政は長続きしなかった。しばらくすると、海岸党領袖メガクレスと平野党領袖リュクルゴスが、それまでの確執を棚上げし、共通の敵ペイシストラトスを打倒することで手を結んだからだ。彼らは共同で攻め入り前560年、ペイシストラトスの追放に成功した。

とはいえ、僭主追放で共闘したメガクレスもリュクルゴスも、追放後の政治の進め方について合意していたわけではなかった。なので、またすぐに争いを始めてしまった。

この争いで自らの不利を悟ったメガクレスは、リュクルゴスを駆逐するため、国外に追い出したペイシストラトスと手を組むことを決断した。メガクレスの策は、娘とペイシストラトスとを政略結婚させ、双方が親族となることによって共闘関係を固める、というものだった。この条件を飲めば僭主として復権させる、とペイシストラトスに持ちかけた。

これに合意すると、メガクレスは、突拍子もない僭主復帰方策を実行した。それは、歴史家ヘロドトスも「世にも馬鹿げたものであった」とあきれるほどの方法だった。

メガクレスは、事前に「女神アテナがペイシストラトスを復権させようとしている」という噂を市中に流した。その上で、背が高くて美しい女を見つけ出し、彼女に女神アテナの衣装を着せて、ペイシストラトスとともに戦車でアテナイの街へ向かわせた。そして、先導役の家来に「女神アテナ御自ら、お住まいになるアクロポリスへ、ペイシストラトスをお連れ戻しなる。さあ、お迎えしようぞ」と触れ回らせた。戦車がやってくると、参道に集まった市民は、ペイシストラトスのかたわらに立つ女神アテナに扮したコスプレ女性を礼拝し、ペイシストラトスを進んで迎え入れた。

前556年、こうしてペイシストラトスは、市民の喝采を受け、再び僭主となった。

ところが、思いもよらないことで、つまずくことになる。ペイシストラトスは、約束したとおりメガクレスの娘と結婚したが、ヘロドトスの伝えるところによると、不自然な仕方でしか夫婦関係を持たなかった。このため、メガクレスは激高し、手のひらを返してリュクルゴスと和解し、ペイシストラトスを襲撃しようとした。これを知ったペイシストラトスは、対決することなく、さっさとアテナイから退去してしまった。前555年のことである。第2次僭主政も短命に終わった。

アテナイから去ったペイシストラトスは、何としてでも僭主に返り咲くと決意する。10年後、莫大な軍資金を集めたペイシストラトスはついに反撃の狼煙をあげた。傭兵を雇い、他国の支援も得て、アテナイに向けて進軍した。最初に上陸した祖国の地はマラトンだった。マラトンを難なく占領すると、アテナイ中から支持者が合流してきた。勢いに乗るペイシストラトス軍は、迎撃してきたアテナイ軍に奇襲をかけ潰走させてしまった。

前545年、ペイシストラトスはアテナイに帰還して三たび僭主になった。50歳代半ばのことだった。今度の政権は盤石だった。彼は死ぬまで僭主の座にとどまった。

かたや、かつてペイシストラトスを追放したメガクレスらアルクメオン家一門は、アテナイから亡命した。亡命先は、全ギリシア人が信じる「デルフォイの神託」を授ける聖地デルフォイだった。この聖地で彼らは、神官との関係を深めながら、アテナイ復帰の機会をうかがうことになる。

僭主の治世

ペイシストラトスは僭主になっても、ソロンの法を尊重し、アテナイの国制に手をつけなかった。アルコン職、アレオパゴス会議、四百人評議会、市民裁判所もそのまま存続させた。護衛隊を帯同させたり、敵対しそうな貴族の子どもを人質にとったりして政権の安全を図ったけれども、強権発動を控えて合法的に国を治めようとした。その上で、彼はアテナイ市民が喜ぶ政策ばかりを行った。

第1に、ペイシストラトスは、支持基盤である中小農民を保護育成した。まず、亡命・追放貴族の土地を取り上げ、中小農民に分配した。農地の再配分は、ソロンの改革以前から、中小農民が強く訴えていたことだった。ソロンは手をつけなかったが、ペイシストラトスによって彼らの念願がかなうことになった。さらに、資金（種子代など）の前貸しなどで貧農を援助して、彼らが農業で十分に生計が立てられるようにした。この結果、アテナイでは農業が振興し、中でもオリーブ生産が激増した。オリーブ油の輸出量も拡大し、アテナイ市民は飛躍的に豊かになっていった。

中小農民の収入を安定させた代わりに、ペイシストラトスは、農民から、収穫の20分の1（5％）を税として徴収した。ポリスでは、市民の財産や所得に対する直接税はないのが大原則だったが、その不文律を破ったのだ。しかも、この直接税は、民会で市民の同意を得たのではなく、ペイシストラトスの独断で導入した、いわば反ポリス的な課税だった。とはいえ、それでも５％という税額は、当時の中小農民からすれば少額だった。かつて富裕市民から借金をした際の１００％を超える途方もない高金利、収穫の６分の1という「地代」と比べても、破格だった。

第2に、ペイシストラトスは、わざわざ裁判所のある中心市街に来なくてもいいように、農村部を巡回する「村の裁判官」制度をつくった。この制度の狙いは、市民が中心市街に集結して政治に関与しないようにするためともいわれるが、それ以上に、在地貴族が持っていた裁判権を制限して、在地貴族に対する市民の帰属を断ち切ることにあった。従来、市民間でもめ事が起きたら、市民は、その地域の貴族の調停に頼った。このため、在地貴族に市民は頭が上がらないのが常だった。特に農村部ではこの傾向が強かった。そこでペイシストラトスは、「村の裁判官」創設によって在地貴族の力を弱めようとしたのだ。

第3に、ペイシストラトスは、アクロポリスの南東40キロメートルほどにあるラウレイオン銀山の開発に力を入れた。そのおかげで次第に、同銀山では豊富に銀が産出されるようになり、それがアテナイの殖産興業に大いに貢献した。

ペイシストラトスの長子ヒッピアスが僭主となった前５２０年頃、この豊富に産出されるラウレイオンの銀を活用して僭主政権は貨幣（コイン）の鋳造を本格化させた。人類史上初めての国際通貨といわれるアテナイの「4ドラクマ銀貨」の誕生だ。国際通貨となった理由は、重さ4ドラクマの銀でつくられたコインである、とアテナイが保証したからだった。実際、保証通りのコインだったから広く信用を獲得し、前5世紀以降の地中海世界を席巻した。この結果、アテナイでは、貨幣経済が浸透し、商取引はもちろん農業も含めて経済が活性化した。容易に食糧を輸入できるようになり、銀貨という形で利益を蓄財できたため投資にも役立った。後には、銀貨で市民に給料を支払うようにもなった。

第4に、ペイシストラトスは、祭祀やイベントに熱心に取り組んだ。

アテナイでは守護神アテナ女神の誕生を祝うため毎年夏にパンアテナイア祭が開かれていたが、ペイシストラトスは、4年に1度、この祭りを「大パンアテナイア祭」として大規模化し、ポリスが主催する国民的祭典にした。大祭は8日間にわたり開催され、ホメロスの叙事詩「イリアス」「オデュッセイア」を歌い上げる吟唱のコンクール、音楽やスポーツの大会、男性肉体美コンテスト、パレードなどが実施された。後には、アテナイ以外のギリシア人も受け入れるようになり、各地から参列者が集る全ギリシア規模の一大祭事となった。

さらに、演劇の神で酒神のディオニュソス（バッカス）を祝う大ディオニュシア祭も創設した。同祭は毎年春に開かれ、演劇コンクールが開催されることで人気を博した。アイスキュロス、ソフォクレス、エウリピデスらがつくった、今に残る古代ギリシア悲劇のほとんどは、この祭典で上演された作品だ。

第5に、ペイシストラトスの施政下、陶器をはじめとする工芸品の生産と輸出が飛躍的に増大した。陶器の主産地コリントスから技術を学び改良していったため、アテナイ産のアッティカ陶器は評価を高め、アテナイの主要輸出品となった。特に、赤絵式という新たな技法をアテナイで考案すると、爆発的な人気を呼び、輸出が急増。前5世紀になると、アッティカ陶器は地中海各地の市場に広く流通し、独占状態となった。

これらのほか、ペイシストラトスは、外交政策にも細心の注意を払い、平和外交を徹底した。アテナイは、大きな弱点を抱えたポリスだった。おおかたのポリスは凶作時や戦時でない限り常食である小麦を自給できたのに、アテナイは自給できなかった。国土であるアッティカ地方は土地がやせており小麦の収穫に不向きだったからだ――代わりに、オリーブやブドウの果樹栽培には適していた――。このため、平時でも常に小麦を輸入しなければならず、中でも、黒海沿岸の穀倉地帯からの小麦輸入ルートはアテナイの生命線だった。

もし戦争を始めたら小麦の輸入だけでなく、オリーブ油、ワイン、陶器の輸出にも支障が出てしまう。その結果、景気が悪化し、国内が混乱するのは確実で、僭主打倒の動きも起こりかねない。それゆえペイシストラトスは、どんなことがあっても戦争を回避しようとしたのだ。

ただし、ペイシストラトスは、平和外交のみに依存していたわけではなかった。アテナイの生命線である黒海貿易ルートの要地――エーゲ海と黒海との間にあるヘレスポントス海峡（現ダーダネルス海峡）に面したシゲイオンとケルソネソス――を海外拠点として確保し、輸送船航行の安全策にも腐心した。

民主政のレールを敷いた独裁者

僭主ペイシストラトスは、私兵となる護衛隊の配置、大邸宅の建設、農民からの直接税徴収など、反ポリス的な政策を展開する独裁者だった。しかし、彼の治世下、農業生産力は著しく向上し、特産工芸品の輸出も活発になり、アテナイは飛躍的に発展した。後世の人は、善政だったと評価する。結果的にペイシストラトスの僭主政は民主政へのレールを敷いた。

第1に、中小農民を保護育成したことによって、経済的に自立した市民が大量に醸成された。のちに、この市民が民主政の担い手となる。第2に、農業や貿易の振興によって、多くの市民が豊かになり、政治に参加するゆとりと力を持つようになった。第3に、大パンアテナイア祭や大ディオニュシア祭など国民的祭祀を創設したことによって、アテナイ市民団の一体感を高め、誇りを生んだ。

そしてもう一つ、僭主政は後に、アテナイ市民に非常に重大な教訓を与えることになり、そのことが民主政を生む大きな契機となった。アテナイ市民は、僭主が善政を施している間は気がつかなかったことに、ある時気づいたのだ。すなわち、いったん僭主が暴走したら僭主政下ではそれを止める手立てはまったくない、という独裁の弊害を、アテナイ市民は骨身に染みるのである。

第2章　市民同権　――民主政の誕生

1　僭主政の終焉

ヒッピアスの僭主政

前５２７年、僭主ペイシストラトスは70歳すぎで病死した。僭主の座はすぐさま、長子のヒッピアスが世襲した。30歳代の若き独裁者が誕生しても、アテナイ市民は誰も異論を出さなかった。むしろ歓迎した。ペイシストラトスは独裁者でありながら、権力を私物化せずアテナイの国力増強に努めたから、市民も世襲による「ペイシストラトス王朝」を容認したのだ。

ヒッピアスは、父ペイシストラトスの政治路線を引き継ぎ穏健に支配した。僭主就任の翌前５２６年、ヒッピアスは自らアテナイの最高位である筆頭アルコン（執政官）に就任したが、次の前５２５年、彼の計らいで筆頭アルコンになったのは思いもかけない人物だった。名前をクレイステネスといった。彼はこのとき推定40歳。かつてペイシストラトスと対立して聖地デルフォイに亡命した海岸党の領袖メガクレスの子で、名門アルクメオン家の当主だった。そんな宿敵でもこの頃になると僭主と和解して帰国し、筆頭アルコンになることさえ許されたのだ。それほどヒッピアスの僭主政は宥和的だった。

　そのヒッピアスをよく補佐したのが実弟ヒッパルコスだった。ヒッパルコスは遊び好きだったが、芸術を愛したので、著名な詩人をアテナイに招くなど学芸の奨励に努めた。

　こうして、僭主ヒッピアスの治世は安定した。2代目僭主の統治も順風満帆だった。ところが突然、それを一変させる事件が起こる。それも、とんでもない理由で。

アリストゲイトンとハルモディオスの陰謀

ヒッピアスの僭主就任から13年経った前514年に、僭主を暗殺する陰謀が企てられ、弟のヒッパルコスが殺されてしまったのだ。それは、市民が自由を求めて決行したのではなかった。きっかけは、男性同士の三角関係による恋愛スキャンダルだった。

　アテナイの中流市民アリストゲイトンは、美少年ハルモディオスと恋人同士（男色）だった――古代ギリシアでは市民が少年を恋人にすることは珍しくなかった――。街でたまたまハルモディオスを見たヒッパルコスはよろめいてしまった。すっかり夢中になって横恋慕したが、拒絶されたため、嫉妬のあまりハルモディオスの家族に嫌がらせをした。

　これに激高したハルモディオスとアリストゲイトンの2人はヒッパルコスを殺すことを決意した。その際、痴情がらみの殺人ではみっともないと思ったのか、僭主政打倒という大義を掲げ、僭主ヒッピアスも同時に暗殺することにした。僭主政打倒のためならば、と数人の同志が集まった。暗殺計画は、警戒が薄れる大パンアテナイア祭の最中に僭主ヒッピアスとヒッパルコスを待ち構えて殺す、というものだった。２人を襲えば、それを見た市民も僭主政打倒に決起するだろう、と期待もした。

ところが、当日、僭主ヒッピアス殺害のために短剣を手にしていたハルモディオスとアリストゲイトンが目にしたのは、同志の一人がヒッピアスと親しげに話している光景だった。ヒッピアスは、父ペイシストラトスがいつも護衛兵を引き連れていたのとは違って、もっと市民と接しようとしていた。平穏な僭主政が長く続いており、刺客への警戒感は薄れていた。ヒッピアスはこのとき、たまたま、祭りを楽しみ、気軽におしゃべりをしていたにすぎなかった。

しかし、ハルモディオスとアリストゲイトンは、暗殺計画を密告されたと勘違いし、焦ってしまった。こうなったら逮捕される前に一刻も早く憎きヒッパルコスを殺さなければと思い込んだ。そして、すぐさまヒッパルコスを探しに行き、見つけ出すと、ためらうことなく斬り殺した。

事を成し遂げると、ハルモディオスはその場で護衛兵に殺害された。アリストゲイトンは逃げたが捕らえられ、拷問のすえヒッピアスに刺殺された。拷問された際、アリストゲイトンは、嘘の自白をし、共謀者として僭主ヒッピアスと親しい貴族らの名前を次々と明かした。これによってヒッピアスは疑心暗鬼になった。

暴君と化したヒッピアス

結果として、ハルモディオスとアリストゲイトンの行動は、とんでもない暴君を生み出してしまった。僭主ヒッピアスは人が変わってしまった。誰も信じず疑い深くなり、残忍なことでも平気で行うようになった。密告や単なる噂だけで、多くの市民を投獄し拷問にかけた。市民権の剥奪をはじめ大勢の市民を迫害したが、それよりももっと多くの市民を死刑に処した。市民は、身に覚えのないことで逮捕され殺されるのではないか、と怯えた。これまで平穏だったアテナイは、独裁者が恐怖政治を展開する、歪んだ専制国に変わってしまったのだ。

ヒッピアスは、反乱を防ぐため、市民から武器を没収することにも踏み切った。ポリスという国は市民が戦士となってポリスを守ることで成り立っており、その武器は市民が自費で調達することになっていた。武器の没収は、ポリスを守る戦士としての義務（使命）を市民から取り上げることであり、ポリスを否定する行為といえた。

さらに、ヒッピアスは、反乱に備えて、海岸近くのムニキアという地を城塞化する工事に着手。船で異国に逃亡しやすい同地に移住しようとした。それだけでは、不安は収まらず、亡命先を確保するためだけの目的で、国益を無視して、敵国に娘を嫁がせ関係を改善した。

ヒッピアスの変貌に危険を察したクレイステネスらアルクメオン家の一門は、いち早く国外に退去し再び亡命した。彼は、もはやヒッピアスを武力で打ち倒すしかアテナイに帰る道はないと覚悟し、ヒッピアスに戦いを挑んだ。

しかし、もろくも敗北してしまった。クレイステネスは、圧倒的な僭主の武力に対して自分は非力である、と自覚した。そして「僭主を討つためなら手段は選ばぬ。なんとしてでも祖国を独裁者から解放するのだ」と決意した。そう決意した後、

前５１０年、僭主ヒッピアスはアテナイから追放された。３年にも及ぶアテナイの恐怖政治を終

わらせたのは、ギリシアの最強国スパルタだった。僭主ヒッピアスと友好関係にあったスパルタが突如、アテナイに軍隊を進めたのだった。

僭主追放

なぜ、スパルタがアテナイの僭主ヒッピアスを追放したのか。誰もが首をかしげた。その謎を探っていくと、どうやら聖地デルフォイの神託がきっかけになったようだった。スパルタ人は、他のギリシア人と同じように、デルフォイのアポロン神殿を頻繁に参拝し、そのたびに神託を乞うていた。下された神託は毎回同じで、「僭主を倒して、アテナイを解放せよ」だった。

アポロン神殿の巫女（ピュティア）が発する「デルフォイの神託」は、全ギリシア人が信じる予言だった。当時、「デルフォイの神託」を無視できるギリシア人はいなかった。誰もが、予言の神アポロンの言葉として疑わなかったし、その神託に従わないことは神意に反することだった。けれども、いつも決まって同じ神託が下されることに、スパルタは戸惑っていた。

そこへ、アテナイのアルクメオン家当主クレイステネスから要請が届いた。

「暴君ヒッピアスを追放し、アテナイを救ってほしい」

あの神託に沿った内容だったから、スパルタ市民は協議した。友好関係にあるヒッピアスを襲って国外追放するのはためらわれた。しかし、アテナイはスパルタと激しく敵対するアルゴスを支援している上、急速に国力を強めていた。そのためスパルタは、この機会にアテナイをたたいておくのも悪くない、と考えた。スパルタは、ヒッピアス追放へアテナイに軍を派遣することに決した。

僭主ヒッピアス追放へと舵を切ったスパルタの決断に、クレイステネスはほくそ笑んだ。実は、スパルタに毎回同じ神託が下されたのは、クレイステネスがアポロン神殿の巫女を買収し「アテナイを解放せよ」と述べさせたからだった。クレイステネスの策謀は実った。スパルタは、クレオメネス王を指揮官にしてアテナイへ進軍し、ヒッピアス一派をアクロポリス西麓のペラルギコン砦へ追い込んだ。クレオメネス王は、僭主打倒を叫ぶアテナイ市民とともに、砦を包囲した。

ヒッピアスは絶体絶命になった。と思いきや、そうではなかった。砦には、食糧も水も十分に備蓄されており、長期間の籠城が可能だった。一方で、スパルタ軍は、攻城戦を想定しておらず用意もしていなかった。当時の攻城戦術は未熟で、砦を落とすのは至難の業だった。数日間包囲して落ちなかったら引き上げるしかなかった。

もう包囲を解くしかない、とスパルタ軍があきらめかけていた時、包囲側に思わぬ朗報がもたらされた。ひそかに囲みから抜け出そうとしたヒッピアス一門の子供らを見つけて捕らえた、というのだ。ヒッピアスは、やむなく和睦を提案した。「子どもを親元に帰すこと、一族の身柄の安全を保証すること、以上を約束すれば、５日以内にアテナイから退去する」と。

これで双方が合意した。ヒッピアス一党は財産を運び出しアテナイを脱出し、小アジアのシゲイオンへ亡命した。こうして、アテナイの僭主政は終わった。ヒッピアスが僭主の座にあったのは17年間。ペイシストラトスが３度目に僭主になって僭主政を確立した前５４６年からは36年を経ていた。

ペイシストラトスから始まる僭主の治世の大半は善政と言ってもよかった。にもかかわらず、実弟ヒッパルコス暗殺後における僭主ヒッピアスの過酷な恐怖政治が、「僭主政＝暴政」というイメージをアテナイ人に焼き付けた。この強烈なイメージは、その後のアテナイの政治に大きな影響を及ぼすことになる。

クレイステネスの敗北

ヒッピアスが追放され僭主政が終わると、市民の歓喜の中、亡命した貴族がこぞって帰国してきた。クレイステネスらアルクメオン家もアテナイ政界に復帰した。

するると、2つの勢力が争いを始めた。一つは、海岸党の流れをくむクレイステネスを領袖とする勢力。もう一つは、平野党の流れをくむ貴族イサゴラスを領袖とする勢力だった。

市民にとっては、両派による旧態依然たる権力闘争は迷惑なことだった。市民は、かつてのスタシス（内紛）のように、またしても国内が大混乱に陥ってしまうのではないか、と気が気でなかった。不毛な政治抗争によって経済が停滞することを心配した。

そんな市民の不安を無視するかのように、クレイステネスとイサゴラスは激烈な勢力争いを繰り広げた。争いはイサゴラスに有利に展開した。元老院アレオパゴス会議と、かつて僭主を支持していた有力者がバックアップしたからだ。僭主政打倒の功労者クレイステネスといえども、国内に分厚い支持基盤を持つイサゴラスにはかなわなかった。そして

前508年、イサゴラスは筆頭アルコンに選出された。これでイサゴラスの力は決定的となった。

クレイステネスはもはや、何の権力も持たない一市民にすぎなくなった。

2　クレイステネスの改革

イソノミア（市民同権）

政争に敗れたクレイステネスは、60歳近い初老であったにもかかわらず、しかしなお、あきらめず闘志を燃やしていた。彼は、筆頭アルコンのイサゴラスから実権を奪取するために、誰も想像もしなかった大胆な巻き返しに打って出たのだ。

クレイステネスが打ち出した手は、これまで彼が眼中に置かなかった平民を味方に引き入れることだった。クレイステネスはまず、すべての平民を魅了する圧倒的な美しい響きを持ったスローガンを掲げた。その起死回生のスローガンとは

　イソノミア

「すべての市民が同じ法律に服すること」を意味する言葉――イソ（等しい）とノモス（法）の合成名詞――であり、邦訳すれば「法の下での全市民の平等」とか「市民同権」「万民同権」などと言うことができる。要するに「出自や貧富に関係なく、すべての市民が対等な立場で政治に参加できること（平等参政権）」を打ち出したのだ。

これは、貴族の特権に手をつけて平民の権利を拡張するものであり、従来の貴族政治からの決別

宣言ともいうべき衝撃的なスローガンだった。クレイステネスは、実権を奪い取るためには、貴族の特権を手放すことに、いささかも躊躇せず、貴族が牛耳っていた政治の世界に、喜んで平民を迎え入れることを表明したのだった。

おそらくクレイステネスは、平民の力が急伸する中、これまでとおり貴族が特権を保持して平民を政治から閉め出すのは無理だ、と悟ったのだろう。ならば、平民の支持を獲得して権力を奪取するために、平民が望むイソノミア（市民同権）の実現をためらう必要はない、と決断したのだ。

イサゴラスら普通の貴族は、こんなスローガンを掲げることはできなかった。彼らは、平民を無知な下層民の集団だと馬鹿にしており、貴族によって秩序を立て直すこと、つまり平民を排除した寡頭政への復帰を目指していた。寡頭政こそがアテナイの理想だと信じていた。

常識外れの名門貴族クレイステネスの提案に、平民は熱狂し、一斉に彼への支持を叫んだ。「クレイステネスの改革」と呼ばれる大変革の幕が切って落とされたのである。

クレイステネスが凄まじかったのは、スローガンを、権力奪取のための口実――現代の政治家がよく行うような政権奪取後に反故にしてしまう公約――に終わらせず、それを本気で実現しようとしたことだった。

彼は、実現のための具体的で詳細な制度を考え出し、成文化して法案の形にしたのである。しかも、イサゴラスが政権を握っていたにもかかわらず、その彼に敗れたクレイステネスが大胆にも一市民の立場で、法案を民会へ提出しようと試みた。

筆頭アルコンのイサゴラスら貴族にとっては、とんでもない法案だった。なんとしてでも、成立を阻止しなければならなかった。まずは自らが主宰する民会への法案提出を阻もうとした。

しかし、民会に提出する法案を先議する四百人評議会は、あろうことか筆頭アルコンのイサゴラスには与しなかった。四百人評議会は、クレイステネスの法案を事前に握りつぶすことも可能だったはずだが、それをせず、逆に法案を支持して、民会に提出したのだ。

クレイステネスが自らのアルクメオン家を総動員して懸命に根回しした結果でもあったが、なによりも、民会メンバーである市民の大多数が熱狂しており、それが四百人評議会に法案の民会提出を促した。

前５０８年、アテナイ市民は、民会に提出されたクレイステネスの法案を、圧倒的な賛成多数で可決した。デモクラティア（民主政）が産声を上げた瞬間だった。すなわち、今日に続くデモクラシーの誕生である。

このとき日本は、法律はおろか文字すら持たない縄文時代（弥生時代前期との説も）であり、大和王権成立（4世紀初め）の約8百年前だった。日本に文明をもたらす中国は、秦の始皇帝の中国統一（前２２１年）まで3百年近くの年月を要する春秋時代だった。

市民の決起

改革法が民会で可決しても、イサゴラスは黙ってはいなかった。なんとしてでも法の施行を阻止して、葬り去ってしまおうと躍起になった。平民を味方にしたクレイステネスを打倒するために、イサゴラスが頼ったのは国外の勢力だった。ギリシア中のポリスから盟主とみなされていた、ギリシア最強国スパルタのクレオメネス王に救援を求めたのだ。

イサゴラスからの救援要請を待つまでもなく、スパルタとしても、アテナイの政体変更は看過できなかった。スパルタがアテナイから僭主ヒッピアスを追放したのは、民主政にするためではなかった。当然のごとく、スパルタと同じ政体である寡頭政に復古するものと想定していた。スパルタは、クレイステネスを失脚させ、イサゴラスに政権を掌握させなければならない、と考えた。

スパルタのクレオメネス王は、アテナイに使者を送って、クレイステネスと彼が率いるアルクメオン家一門を国外追放するように要求した。この要求を無視することはできず、やむなくアルクメオン家当主のクレイステネスだけがアテナイを退去した。

だが、それではイサゴラスもクレオメネス王も満足するはずがなかった。すぐに、クレオネメス王自らが少数の手兵を引き連れてアテナイに乗り込んできた。到着すると、クレオメネス王は、イサゴラスから前もって通告されていた、クレイステネスに味方する7百の家族を国外に追い払ってしまった。さらに、クレオメネス王は、クレイステネスの改革法案を支持した四百人評議会に対して解散を命令し、イサゴラス一派の3百人に政権を委ねることを宣言した。

スパルタの強硬姿勢を前にしてクレイステネスは、改革が頓挫してイサゴラスの天下になる、と覚悟した。「もはやこれまで」と落胆した。ところが、

スパルタの横暴な内政干渉に、アテナイ市民は激怒した。そして団結した。

まず、四百人評議会が、クレオメネス王の解散命令を拒絶し、猛然と抵抗した。さらに、四百人

評議会の行動を支持して市民も立ち上がった。彼らは、クレオメネス王の理不尽な命令に激しく憤っており、イサゴラスら3百人の政権に従う気などさらさらなかった。クレオメネス王とイサゴラス一派に詰め寄り、攻め立てた。

これに対して、クレオメネス王とイサゴラス一派は、ポリスの中心地である城砦アクロポリスに逃げ込むしかなかった。アクロポリスはアテナイ市民に包囲され攻撃された。

クレオメネス王は窮した。想定外だった。スパルタは軍事強国とはいえ、アテナイに率いてきた兵力は多くはなかった。市民から敵視されたイサゴラス一派の武力はもはや当てにはならない。多勢に無勢で、為す術がなかった。

市民の包囲攻撃が2日間続いた後、3日目になって両者の間で停戦協定が結ばれた。協定は、国外に退去するならばクレオメネス王らスパルタ軍を解放する、という内容だった。完全なアテナイ市民の勝利だった。協定通り、クレオメネス王らスパルタ軍はアテナイから撤退した。

イサゴラス一派はどうなったのか。イサゴラスは逃げるのに成功してスパルタに亡命したが、逃げ遅れた残党は捕らえられ処刑された。その後、アテナイ市民は、亡命したイサゴラスに対して欠席裁判を開き、死刑判決を下した。

民主政を潰そうとしたイサゴラスとスパルタの策謀は、こうしてアテナイ市民によって潰された。スパルタ軍が撤退すると、アテナイ市民は、スパルタによって国外追放されたクレイステネスと7百家族を直ちに呼び戻した。復帰したクレイステネスは、指導者となり改革を実現していった。

「血」から「地域」へ

「クレイステネスの改革」の核心は何なのか。そう問われれば、次のように答えるのが最適といえるだろう。

「支配（政治）に携わる者を、血縁によらないで、地域ごとに選出する」

これこそ、クレイステネスが目論んだことだった。彼は政治の基盤を、貴族が支配する血縁部族の代表から地域の代表へ、つまり「血」から「地域」へ移したのだ。

では、具体的に改革はどんな内容だったのか。それは３つの柱で構成されていた。

第１の柱、４つの血縁部族を解体し、人工的に地域を再編成した10の部族を新たにつくる。

第２の柱、新たな10部族を基礎単位として、政治・軍事組織を全面改編する。

第３の柱、独裁を防ぐために陶片追放（オストラキスモス）の制度を創設する。

第１の柱──。４つの血縁部族の解体と、人工的に地域を再編成した10部族の創設は、クレイステネスが実行した最大の改革といっていいだろう。その創設の手順はやや複雑である。

最初に、在来の集落を基に「デモス（市町村）」という名前の基礎自治体を新設した。（このデモスは従来「区」と邦訳されるが、本稿では「デモス（市町村）」と表記する）

次に、アテナイ全土を、①中心市域、②内陸地方、③沿岸地方──の３地方に分け、複数のデモス（市町村）からなる「トリテュス（郡）」という便宜的な区域を、各地方に10ずつ新設した。つまり３地方で合計30のトリテュス（郡）を設けた。その際、トリテュス（郡）それぞれの人口はほ

【図表2―1】新たな10部族の創設

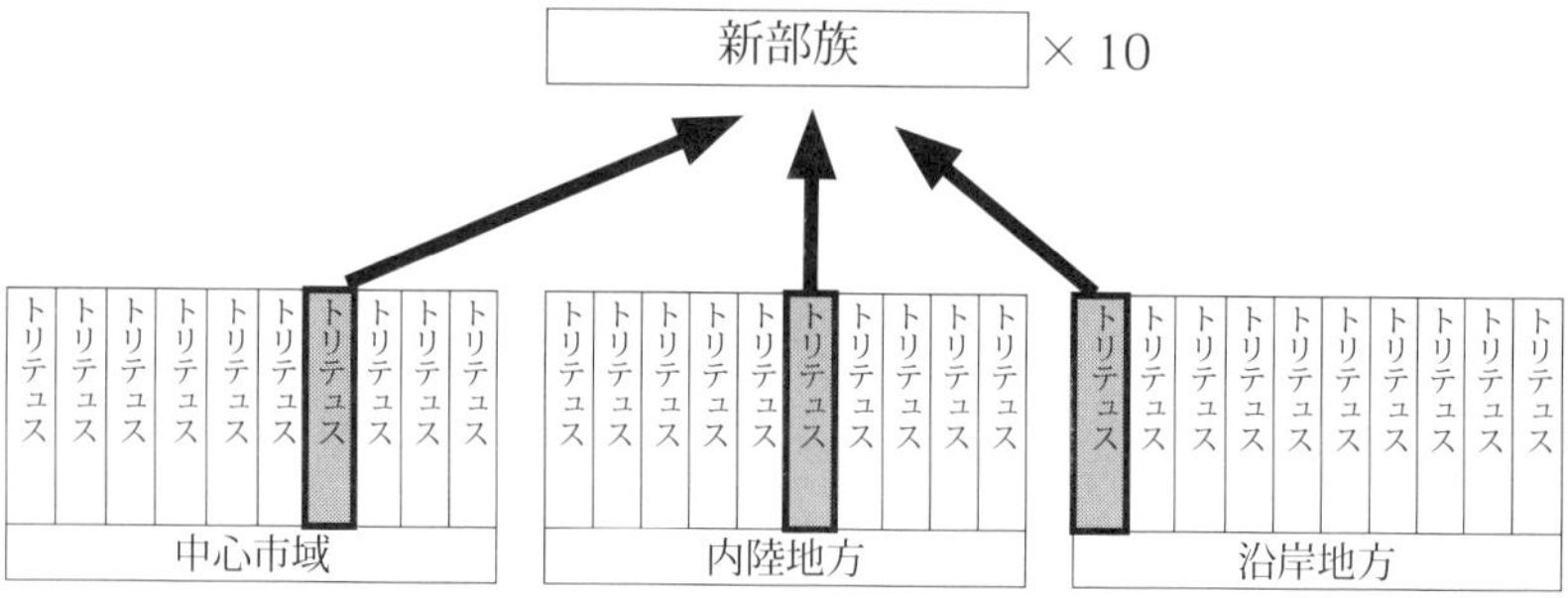

※トリテュスは複数のデモス（市町村）によって構成

ぼ均等になるようにした。

最後に、3地方からそれぞれ1つずつのトリテュス（郡）を選び出して一つに組み合わせたものを、1部族とした。つまり1部族の中には、中心市域、内陸、沿岸という3地方の市民が必ず入っていた。3地方それぞれにはトリテュス(郡)が10ずつあったから、計10の部族が新たに編成されたことになる。これによって、3つの地方にまたがる新たな部族が、人工的に創り出されたわけだ。

このように、新たな10部族は、部族という名前を持つものの、本当ならば部族と呼ぶべきものではなかった。なんといっても血縁に基づく集団ではなかった。その上、3つの地方のトリテュス（郡）を組み合わせたものだから、特定の地域を拠り所とする地縁集団でもなかった。まさに3地方の市民が寄り合う人工的な集団だった。

こんな荒療治をしてまで、なぜ4つの血縁部族を解体したのか、というと、血縁部族は門閥貴族の権力基盤となっていたからだった。

古代ギリシアの氏族制度は、オイキア（家族）の上に、親類縁者からなるゲノス（氏族）があり、その上に、共通の祖先や氏神を崇める血縁集団フラトリア（兄弟団）があった。このフラトリア（兄弟団）がいくつかまとまったものがフュレ（部族）で、アテナイでは４つのフュレ（部族）つまり血縁部族があった。

このうちフラトリア（兄弟団）は、ポリスが成立する以前から存在する古い伝統的な血縁集団で、住民を市民として認定する重大な権能を担っていた。アテナイの人々は、フラトリア（兄弟団）の承認なしに、市民権を獲得できなかったのだ。こうしたフラトリア（兄弟団）の上位団体として強い影響力を振るっていたのが、４つの血縁部族だった。血縁部族は公職者（為政者）選出や軍隊編成の母体にもなっており、門閥貴族は、血縁部族を基盤に、平民を影響下に置き、アテナイの政治を動かしていた。

だから、イソノミア（市民同権）を実現するためには、この門閥貴族の地盤を粉砕しなければならなかった。例えば、従来アテナイでは、血縁部族を牛耳る門閥貴族が自らの地盤を拠点として、平野党、海岸党、山地党に分かれて党派抗争を繰り広げてきた。市民の利害も、その門閥貴族に従って固定化されてしまっていた。ところが、４つの血縁部族を解体して、新たな10部族を３地方にまたがって人工的に編成したから、門閥貴族の地盤は分断された。もはや門閥貴族は、従来のように地盤の利益を代表できなくなったのだ。それに伴って、市民の利害も門閥貴族から解放されることになった。こうして、それぞれの門閥貴族リーダーの拠点にちなんで名付けられた平野党、海岸党、山地党という党派は事実上消滅した。以降、アテナイでは、民主政を進める「民主派」、知性豊かな貴族（エリート）が政権を握る「寡頭派」という政治路線をめぐる対立となっていく。

基礎自治体「デモス（市町村）」

クレイステネスの改革において要用の仕組み——民主政アテナイの基幹組織——となったのが、新たな10部族の母体となる「デモス（市町村）」という名の基礎自治体だった。

では、デモス（市町村）とは何か。

それを探る前に、まず「デモス」という古代ギリシア語の意味を確認しておこう。デモスはもともと氏族や村落共同体に由来する言葉で、次第に複数の意味を持つようになった。

第1に、ポリスの「市民団」を指した。すなわち成年男子の市民全員のことだ。この用例がデモスという言葉の本義だが、次のような意味でも使われた。

第2に、市民団（デモス）の「多数者」を指す言葉としても使われた。貴族を除く多数市民の「平民」とか、いわゆる「民衆」「大衆」などのことだ。——日本では慣例としてデモスを一律に「民衆」と訳すため、市民全員という本来の意味が喪失してしまい、「庶民階級」と誤認しやすい——

第3に、市民団（デモス）の総会である「民会」を指す言葉としても使われた。

第4に、市民団（デモス）の支配である「民主政」という意味でも使われた。

そして、第5に、クレイステネスの改革でアテナイに生まれた地域団体を「デモス」と呼んだ。新たな10部族の基礎単位であり、人為的に設定された地域の市民集団のことである。このデモスは、現代日本でいうと基礎自治体である市町村のようなもの——ただし市町村の「役所（政治・行政機構）」を指すのではなく住民も含めた「地域共同体」——といえよう。

デモス（市町村）は、古い歴史を持つ在来の集落に基づいて、１つもしくは複数の集落と、その集落に付随する耕作地などから築かれ、その数は１３９と推定されている。成員である市民の人数はデモス（市町村）ごとに大きく異なり、その詳細は不明だが、成員80人以下という小さなところが過半だったとみられている。

それぞれの市民が所属するデモス（市町村）は、クレイステネスの改革当時に在住していたところとされた。いわば本籍地みたいなもので、その後住居を移動しても、所属は本籍地のデモス（市町村）だった。したがって、実際の居住地と所属デモス（市町村）が一致しない市民もいた。

デモス（市町村）は、まさにミニ・ポリスともいうべき自治体だった。それぞれのデモス（市町村）は、独自の財政、祭祀、政治・行政組織、市民総会を持った。土地などの共有財産を持ち、共同の祭祀を行い、それぞれの市民総会で当該デモス（市町村）の意志を決定した。デモス（市町村）の成員である市民から首長（デマルコス）が選出され、首長（デマルコス）は当該デモス（市町村）の市民名簿を管理した。

デモス（市町村）の機能

デモス（市町村）の最も重要な機能は、市民権の登録、つまり市民団のメンバーとして認定することだった。アテナイ市民であるかどうかを、デモス（市町村）の権限で決めたのだ。

クレイステネスの改革以降、市民の家に生まれた男子は、18歳に達すると、その家が所属するデモス（市町村）の市民総会で、年齢や出自などを審査された。そこで、投票を経て審査合格となると、当該デモス（市町村）の市民名簿に登録された。この名簿登録が、アテナイ市民として正式に認定されたことであった。

以前は、血縁部族の下部機関フラトリア（兄弟団）が市民認定権限を握っていた。それを、デモス（市町村）の市民総会という民主的な場で審査して市民登録する仕組みに変えたことで、市民の認定に貴族の恣意が働きにくくなり、貴族による人心支配の鎖を寸断することにつながった。

注意したいのは、市民資格の認定と市民名簿への登録を行うのは、ポリスの中央政府ではなく、各デモス(市町村)だったということだ。アテナイ全体の市民登録名簿は存在しなかった。デモス(市町村）の名簿に登録されることがアテナイ市民になることであり、アテナイ市民は必ず、どこかのデモス（市町村）で登録されていた。

このほか、デモス（市町村）は、市民を政治教育する機能も担った。ミニ・ポリスとも言うべきデモス（市町村）で若者は、市民総会、祭祀など日々の活動に参加し、政治を学び実践した。いわば、市民としての訓練を受け、政治経験を重ねた。デモス（市町村）で若者は、公務に必要な自治能力を身に付け、責任感も強めていったのだ。

前5世紀半ばになると、アテナイ民主政は、ほとんどの公職を抽選で選出したが、こうしたデモス（市町村）における政治の実践経験のおかげで、どんな市民であっても公務を果たすことができた。市民であれば、公職をこなす能力は当然持っているとみなされていた。

だからこそ、全市民が参加するアテナイ民主政は可能だった。無知・無能で無責任な人間を前提としていては、民主政は成り立たない。現代でも誤解されるが、アテナイ人は、教養も政治訓練もない、ずぶの素人に政治・行政を委ねていたわけではないのである。

五百人評議会

第2の柱——。クレイステネスは、新たに編成された10部族を基に、政治や軍事の組織を全面的に改編し、その組織を担う公職者を10部族単位で選出するように改めた。

その中で最も重要なのが、実質的な政府機能を担った「五百人評議会」だ。

ソロンがつくった既存の四百人評議会は、クレイステネスが解体した4つの血縁部族に基づいて計4百人の議員を選出していたため、廃止した。そして、新たに編成された10の部族ごとに議員50人ずつ計5百人を選出する「五百人評議会」に改めた。

五百人評議会の議員は、デモス（市町村）単位に、30歳以上の市民から選挙（前5世紀半ば以降は抽選）で選出された。任期は1年で、2年連続の再任は禁止された上、就任できるのは生涯2度までとされた。

各デモス（市町村）が選出する議員の数は、それぞれのデモス（市町村）の市民数に応じて比例配分で決められた。デモス（市町村）の市民数は千差万別だったから、市民数が少ないところは他のデモス（市町村）と合わせて議員1人選出というケースもあったし、15人もの議員を選出できた大きなデモス（市町村）もあった。議員1～3人を選出するデモス（市町村）が最も多かったという。つまり、人口数に配分して議員定数を決める比例代表制が、五百人評議会の議員選出で採用されたのだ。比例代表制という仕組みも、アテナイにおいて史上初めて誕生したのである。

五百人評議会の主な役目は、四百人評議会と同様に、民会で審議する議案を前もって決定して準備することだった。市民からの提案や発議を受け付ける窓口でもあり、民会の議長も、五百人評議会の議員から選出されたエピスタネス（評議会議長）が務めた。言うならば、民会を取り仕切る役割を担ったのだ。

それだけにとどまらなかった。民会への議案先議と議案提出の権限に加えて次第に、財政政策をはじめとする日常的な業務も担当するようになった。日常的な業務とは何かというと、ポリスの歳出入の一元管理、軍船の建造管理、公共建築の監督監査、公職者の監督・執務審査、外国使節の応対（外交）などだ。こうして五百人評議会は、政治・行政を切り回して国政の実務を担う、実質的なアテナイ政府といえる中枢組織になっていった。

アテナイ民主政の最盛期（前5世紀後半）、最高議決機関である市民総会「民会」の開催が年40回程度だったのに対して、五百人評議会は、ほぼ毎日の年250回程度、アゴラ（広場）西部の評議会議場などで開催された。日常的な政治・行政を、市民総会である民会が執行するのは不可能なので、五百人評議会が代行していた形だ。

といっても、評議会議員の5百人が全員で毎日業務に励んでいたわけではない。1年のうち1カ月余ごとに10部族が輪番制で、いわば幹事を務めたのだ。つまり、1部族から選出された50人の評議会議員が、年1期のプリュタネイア（1年の10分の1＝1カ月余り）を担当するプリュタネイス（当番評議会議員）となって、その期間、評議会と民会の招集、日常業務などを受け持った。プリュタネイス（当番評議会議員）の中から任期1日・再任禁止の条件で選出されるのが、エピスタネス

（評議会議長）で、評議会と民会の議長、公金・公文書・国璽の保管責任者を務めた。

ストラテゴス（将軍）

軍事組織も、新たな10部族ごとに部隊をつくる仕組みに変えた。それに伴い、各部族の市民戦士を統率する部隊長として「ストラテゴス（将軍）」という公職が新設された。

この公職が常設されたのは前501年。毎年、各部族の候補者の中から、民会が投票して、各部族1人ずつの計10人のストラテゴス（将軍）を任命した――150年後の前4世紀後半には1部族1将軍の原則は廃止された――。任期は1年だが、連年での再任も可能で、事実上任期に制限がなかった。

のちにアテナイの公職の多くは、挙手や投票による選挙からクジ引きによる抽選へ選出方法が変わった。アテナイの最高官であるアルコン職も前487年に抽選となった。これに対し、ストラテゴス（将軍）は、軍事という特殊な専門職であるため、抽選とはならず選挙のままだった。

この結果、ストラテゴス（将軍）職は、アテナイ最重要の政治ポストになっていった。抽選となったアルコンは、能力がなくても選ばれる恐れがあるし、仮に有能な人が選ばれても任期の1年間しか務められない。その点、ストラテゴス（将軍）は選挙で選ばれる上、事実上任期に縛られることもなかった。したがって、アルコンの地位は徐々に低下し、ストラテゴス（将軍）に実権が移っていったのだ。

例えば、アテナイ軍の最高司令官は、アルコンのポレマルコス（軍事長官）が担当したが、次第に、軍事専門職ストラテゴス（将軍）が務めるようになった。その結果、のちにポレマルコスは、主に在留外国人（メトイコイ）関係の事務を扱う公職へと変貌してしまう。

さらに、ストラテゴス（将軍）の実権拡大は、軍事だけにとどまらなかった。民会や五百人評議会への動議提案・発議権、条約締結権、財政監督権など、国政に強く関与できる権限も持つようになり、アルコンに代わって国政運営の中心ポストとなっていった。

こうしたことから、アルコンが抽選となって以降、テミストクレス、キモン、ペリクレスら、名だたるアテナイの指導者は必ずストラテゴス（将軍）のポストに就いた。ちなみに、今日の英語ストラテジー（戦略、作戦）は、このストラテゴスに由来する。

抽選と10人同僚制

クレイステネスの改革以降、アテナイ民主政を象徴する選出方法となるのが、無作為のクジ引きによる「抽選」だった。

クレイステネスの改革が施行された当初、公職者の選出方法は、選挙——多くが挙手による多数決——だったが、徐々に抽選に移っていき、前5世紀半ばまでにはほとんどの公職が抽選となった。選挙のままだったのは、ストラテゴス（将軍）や財務官など一部の専門職に限られた。

抽選とした理由は、貧富や身分に関係なく、すべての市民に政治参加を保障するためだった。選挙だと、カネや地位を行使して有権者に大きな影響を及ぼすことができる、金持ちや有力者が有利になる。抽選ならば、そうした懸念は払拭され、より公平となる。

もう一つ、アテナイ民主政を象徴する仕組みが、10部族を選出母体とする「10人同僚制」だった。各部族1人ずつ選出された計10人の公職者が同じポストに就き、グループ（同僚団）を組んで任務を果たすことにしたのだ。

その狙いは、各部族均等にポスト配分することによって、部族に優劣をつけないようにするためであり、さらには、１人が権力を独占することを防ぐためであった。

例えば、ストラテゴス（将軍）も各部族1人の市民からなる計10人の同僚団で行動した。全軍の指揮は10人のうち1人が1日ごとに交代した。――ただし前5世紀後半になると、１人がストラテゴス・アウトクラトルという全権将軍に就任するようになった――

ストラテゴス（将軍）職のほかにも、クレイステネスの改革以降アテナイでは、数々の公職が設けられたが、その大半の公職が10人同僚制で運用された。例示すれば、アテナ女神財務官、契約官、収入役、会計検査官、執務審査官、騎兵登録官、神殿修築官、市域監督官、市場監督官、度量衡監督官、穀物監督官、取引所監督官などだ。

地域代表の発明

以上のようにして、クレイステネスは、従来の血縁代表の仕組みを破壊し、人工的につくった新たな10部族単位で公職者を選出する仕組みをつくり出した。

従来、政治を動かしたのは血縁による4つの部族の代表だった。血縁を基本に据えていたので必然的に、血統を誇る貴族が政治の主導権を握った。これに対して、クレイステネスの改革後は、必ずしも貴族でなくても代表になることができた。公職者は、貴族が支配する「血縁の代表」としてではなく、新部族ごとの「地域の代表」として選び出されることになったからだ。――例えば、実質的な政府機能を担った五百人評議会は、デモス（市町村）単位の議員選出によって、アテナイ初の地域代表による合議体として、その存在感を発揮した――

言い換えると、血縁部族を支配する特定の貴族よりも、自分たちの地域に忠実な市民が、代表の選出基準となった。すなわち、地域代表の仕組みが発明されたのである。これによって、アテナイ人は史上初めて、政治の世界から血縁というしがらみを断ち、人間を解放した。

それが、いかにアテナイ社会を激変させたのか。象徴的なこととして、アテナイではクレイステネスの改革以降、市民の呼び方が変わった。以前は「誰々の子の誰々」、例えば「クサンティッポスの子ペリクレス」だったのが、「どこのデモス（市町村）の誰々」、「コラルゴスのペリクレス」と呼ばれるようになった。親子という血縁ではなく、自身が所属するデモス（市町村）名で表現するようになったのだ。――ただし、父の名を添える呼び方を強制的に廃止したわけではなかったので、その呼び方も残った――

陶片追放（オストラキスモス）

第3の柱――。陶片追放（オストラキスモス）は、クレイステネスが創設した制度の中でも、とりわけ有名だ。その特異な仕組みが、現代人の目を引くのだろう。

陶片追放とは、僭主（独裁者）になりそうな人物の名を陶片に刻んで投票し、その人物を国外追放する制度のことだ。特定の市民に権力が集中するのを防ぐ仕組みの一つだった。

国外追放までの手順をみると――。毎年冬の主要民会で陶片追放を行うかどうかを決め、行うとなれば、春の決められた日にアゴラ（広場）で投票を行う。その日に市民は、僭主になりそうな市民の名前を記入した陶片を無記名で投票する。投票総数が6千票に届かなければ発効せず、6千票以上の場合にはその最多得票者が10年間国外に追放される。

10年間の国外追放というと、非常に重い罪のように感じてしまうかもしれないが、陶片追放は罪を裁く訴訟ではなく、市民としての名誉毀損でもなかった。陶片追放となった市民でも市民権は奪われず財産も没収されなかった。途中帰国を許される場合もあった。言うならば、10年間の国外休暇を強制的に取らされるようなものだった。

あくまでも目的は僭主防止だった。アテナイ市民は、僭主ヒッピアスのような暴政はこりごりだったから、独裁者になりそうな人物を未然に政治から遠ざけることにしたのだ。

陶片追放の効果はてきめんだった。制度を創設してからアテナイでは、国外追放の危険を冒してまで、僭主になろうという野心家は現れなくなった。いわば、武力によって権力を奪取する動きを封じた。

代わりに、陶片追放は新たな役割を果たすようになっていった。政敵を排除するための便利な手段として活用され始めたのだ。制度の「目的外使用」というとんでもないことではあったが、それによって陶片追放は、武力を用いた貴族間の闘争を防ぎ、投票による平和的決着の手段として機能することになった。

古代ギリシアでは、現代の民主国のように、政権交代というルールが整っていなかった。現代の民主国ならば、各政党が政策を競って、多数を獲得した政党が政権を握り、敗れた政党は次の選挙で政権獲得を目指す。敗れた政党が亡命して国外から政権打倒のクーデターを画策することはありえない。このような政権交代システムが整っていない古代ギリシアでは従来、争いに敗れた党派は一族で集団亡命し、亡命先で力を蓄えて帰国して政敵に報復する、というのが常だった。

陶片追放は、独裁者になりそうな最多得票者の1人だけを国外追放する制度であり、名誉毀損も財産没収もないので、一族郎党が集団で亡命する必要もなく、亡命先から報復を企てる必要もない。言うならば、陶片追放は、武力によって政敵を放逐するのではなく、票決によって平和裏に政敵を国外追放する仕組みとなった。陶片追放は、貴族間の武力闘争を防ぐ一種の仲裁手段、あるいは政権交代の手段として機能するようになったのだ。

ただし、陶片追放は、たとえ有能な人材であっても、市民の心証による投票で追放してしまう危険を抱えていた。実際、超大国ペルシアと戦う緊急事態となった前480年には、陶片追放した有力者を呼び戻さなければならなかった。

陶片追放の歴史の中で、実際に陶片追放されたアテナイ市民は10数人といわれている。したがって、制度が頻繁に発動されたわけではない。史料で確認できる最初の陶片追放は、制度発足から20年経った前487年だった。最後は前417年で、この頃には弾劾裁判という制度が確立したこともあり、陶片追放は時代遅れの仕組みとなってついに利用されなくなった。

陶片追放で注目したいのは、アテナイ市民が僭主になりそうな人の「名前」を陶片に書いたということだ。つまり、読み書きできない市民はいない、という前提で、この制度は成り立っていた。ちなみに、現代日本の選挙制度も同様の前提で、世界的に珍しい、候補者の名前を書いて投票する方式を採用している。

ところが、陶片追放をめぐって、こんなエピソードもある。前483年に、アテナイで「正義の人」と呼ばれていたアリステイデスが陶片追放された時の話だ。

陶片追放の投票のために議場へアリステイデスが向かっていると、見知らぬ農民が、誰かを知らずに近寄ってきて「私は字が書けない。アリステイデスという名前を陶片に書いてほしい」と頼んできた。アリステイデスは、顔色ひとつ変えずに、自分の名前を代筆してやり、「なぜ君は、このアリステイデスを追放したいのか」と聞いた。農民は「みんながあんまり『正義の人』と言うもんだから、うんざりしてしまったんですよ」と答えた。

もしかしたら市民の中には、こんな読み書きできない市民もいたのかもしれない。だが、非常に少なかったはずだ。現代の研究家の中には、このエピソードは、無知な人々に政治を委ねる民主政の危険性を訴えるために、民主政に反対する人物が意図的に広めたもの、と分析する人もいる。

民主政下のアテナイでは、市民誰もが公職に就くことができたが、少なくとも、最低限の「読み書きソロバン（計算）」ができなければ、その公職を担うことなど不可能だった。例えば、公職の任期は1年なので、任期を終える際には、後任者に引き継ぎ文書を残す必要があった。また、就任中の執務や会計の状況は文書の形で報告しなければならなかった――執務審査（エウテユナイ）といわれ前5世紀半ば頃から制度化された――。さらに、市民が公職に就く際に行われた事前の資格審査（ドキマシア）も、本当に30歳以上の市民であるか、という資格の確認が主な内容だった。すべての市民が最低限の知識を持っている、というのが当然とされていたから、読み書きソロバンの能力を市民に試験する必要はまったくなかったのだ。

「国権の最高機関」と位置づけられた民会

前5世紀後半のペリクレス時代に完成したといわれるアテナイ民主政。その半世紀以上前の前508年に打ち出されたクレイステネスの改革によって、アテナイ民主政の制度的枠組みのほとんどは構築された。それほどまでにクレイステネスの改革は過激であり、ケタ違いの大変革だった。その結果、アテナイの政治はどう変わったのか。

決定的な変化は、市民総会である民会が「国権の最高機関」として位置づけられたことだ。市民の誰もが、民会に出席する権利、自由に発言する権利（イセゴリア）、一人一票の投票権を持って自由に投票する権利を持ち、その上で、民会における市民の多数決でポリスの意志を決定する、という仕組みが整備されたのだ。

さらに、すべての市民が、実際に政治・行政を担う公職者（為政者）に就任できるようになった。アルコン職に就ける者を五百石級と騎士級の富裕者に限定（後に対象拡大）するなど一部に制限は残ったものの、基本的には、市民でありさえすれば、出自や貧富に関係なく、五百人評議会の議員も含め、公職者になれたのだ。

ソロンのティモクラティア（財産政治）では、出自を不問にし、市民の貧富によって政治参加の度合いを定めた。これに対しクレイステネスのデモクラティア（民主政）は、出自も貧富も不問にし、すべての市民が平等に政治参加できるようにした。

ただし、すべての市民が公職に就けるとはいっても、クレイステネスの時点では「制度上は」という但し書きがつく。この頃は、公職に就任しても無給であり、いわば手弁当のボランティアだった。これでは、仕事をしなければ日々の暮らしが成り立たない貧しい市民は、仕事をしないわけにはいかず、たとえ公職に就きたくても就けないのが実情だった。この点が最大の課題だった。民主政を完成させるには、公職者に給料を支給して、貧しい市民であっても公職に就けるようにすることが必要だった。

もう一つ、クレイステネスの改革で解決できなかった問題があった。

新たな10部族の創設によって貴族支配の地盤を解体はしたものの、貴族の力の源泉のすべてを壊滅させたわけではなかった。「フラトリア（兄弟団）」も元老院「アレオパゴス会議」も残ったままであり、貴族は一定の政治的影響力を持ち続けていた。

市民認定の権限をデモス（市町村）が握ったとはいえ、フラトリア（兄弟団）には市民の子供を嫡子として認知する権能があり、事実上、市民権取得の予備審査をする役割を担った。

また、民会が国権の最高機関になったとはいえ、アレオパゴス会議は依然として、法の監視の権限、公職者の処罰・監督権、国事犯の弾劾裁判権など、大きな政治的権限を保持したままだった。アレオパゴス会議は貴族の牙城となり民主政の障害となった。

市民が支持した「改革」

それにしても、クレイステネスの改革というこんな複雑で過激な改革が、スパルタの武力介入をはじめとする強烈な外圧にさらされながら、なぜ実現したのだろうか。

いろいろな理由が考えられるが、簡潔に言えば、改革の内容がアテナイ市民の求めることと合致したからだといえるだろう。それを証明するかのように、クレイステネスの改革後も、市民は分裂せず、むしろ団結して改革に突き進んだ。ソロンの改革後、筆頭アルコンが選出できない「アナルキア」という無政府状態や党争激化で、大混乱したのとは対照的だ。アテナイ市民は終始一貫してクレイステネスの改革を支持した。市民は、改革法案の民会提出時もクレイステネスに左袒し、イサゴラスらの反対を押し切って法案を成立させた。スパルタの武力介入にも屈せず決起した。

さらに言えば、この改革は、クレイステネスがカリスマ性を発揮し市民を熱狂させて実現したものではなかった。クレイステネスは人気の高いカリスマ政治家ではなかった。もし彼がカリスマ政治家だったならば、そもそも改革前、簡単にイサゴラスとの政争に敗れるはずがない。それに、その生涯や人物像などを伝える英雄譚が残っているはずだが、そうした文献や伝承もほとんどない。

クレイステネスの改革は、クレイステネスの人望やカリスマ性によって成し遂げられたものではなく、内容自体を市民が支持して実現した「市民の改革」だったのだ。

とはいえ、それは市民の底辺から沸き上がった「下からの革命」ではなかった。市民は、名門貴族クレイステネスの提案を支持したにすぎなかった。したがって、平民が貴族に取って代わって権力を握ったわけではなかった。多分、改革後も平民には、政治リーダーになるだけの力量がまだなかったのだろう。名門貴族に対して畏怖あるいは崇敬の念を抱き、萎縮していたのだろう。以降も、ペリクレスまでは、指導者となるのは有力貴族だけだった。

ただし、クレイステネスの改革以降、アテナイでの権力闘争は一変する。陶片追放の頁でも説明したように、以前は、有力貴族が武力に物を言わせて権力を奪取する形態だった。例えば、ペイシストラトスは武力で僭主となったし、その後継者ヒッピアスを国外追放したのはスパルタの軍事力だった。クレイステネスを追い落とすためにイサゴラスはスパルタの軍事力に頼った。

ところが、クレイステネスの改革以降、武力ではなく、民会で多数票を獲得することによって権力を奪う形態が定着していく。言い換えると、市民総会たる民会の支持なくして、権力を握ることはできなくなったのだ。

民主政への移行によって、すべてのアテナイ市民は、草の根レベルで政治の渦中に巻き込まれることになり、真の意味で国政を担う市民に生まれ変わっていった。イソノミア（市民同権）を得た市民は、ポリスを自分自身のものとして実感し、「民主政を失うくらいならば勇ましく戦い死さえ厭わない」「僭主のためではなく自分自身のために戦う」と思うようになった。民主政は、市民の意識を覚醒させ、市民に史上かつてない活力を注入した。それが間もなく証明されることになる。

3　民主政潰し

諸外国の軍事侵攻

デモクラティア（民主政）にアテナイ市民は熱狂した。しかし、それと反比例するかのように、スパルタをはじめ諸外国は、突然出現した政体を強く警戒した。民主政を潰してしまおうと、アテナイに軍事侵攻する構えをみせていた。

アテナイの周りは敵ばかりで「四面楚歌」だったから、クレイステネスは心配でたまらなかった。スパルタをはじめとする周辺諸ポリスの軍事力は恐るべき脅威だった。その対策として、クレイステネスが目をつけたのが、オリエントの超大国ペルシアだった。ペルシアと同盟の絆を結んで後ろ盾になってもらうことを、クレイステネスはアテナイ市民に提案した。アテナイ民会は、それを受け入れ、ペルシアに同盟締結の使者を送ることを決めた。

派遣されたアテナイの使者は、ペルシアの小アジア（現トルコ）の拠点であるリディア州都サルディスに到着すると、州知事アルタプレネスに同盟の締結を働きかけた。それに対してアルタプレネスは尊大に言い放った。「アテナイがペルシア王ダレイオス1世に『土と水』を献上するならば、同盟を結ぼう。献上する気がないなら、さっさと立ち去れ」

対等な交渉とは程遠い、見下した態度だった。とはいえ、使者は、なんとしてでも同盟を締結しようと考えていたので、承知せざるを得なかった。「私たちの責任において献上しよう」と回答した。

土と水を献上する、というのは、ペルシアの支配下に入る、という意味だったのだが、その真意を使者は十分理解していなかった。

使者がアテナイに帰国すると、対等な同盟関係ではなく、ペルシアの属国になるという条件で同盟を結んだ、ということが分かった。市民は憤った。アテナイの民会は、同盟を提案したクレイステネスと使者を非難した。

とはいえ、同盟破棄はいまさらできない。そんなことすれば、ペルシアまでも敵に回してしまう。それに、土と水を献上するといっても、今のところ、隷従的な行為をペルシアが具体的に求めているわけではなかった。アテナイの孤立は危険極まりないし、ペルシアと同盟すれば、スパルタなど諸外国のアテナイ侵略を抑止する効果はあるだろう。そう考えて同盟は維持された。

アテナイの強国化

ところが、ペルシアと同盟を結んでも情勢は変わらなかった。アテナイに四方から諸外国の軍隊が押し寄せてきたのである。侵攻の首謀者はスパルタ王クレオメネスだった。彼は、イサゴラスを僭主としてアテナイに復帰させようと心に決めていたが、それを秘して、スパルタが盟主を務めるペロポネソス同盟（ペロポネソス半島諸ポリスの軍事同盟）の軍勢を集めて進軍させた。さらに、クレオメネス王はペロポネソス同盟のほかにも諸外国にアテナイ侵攻を呼びかけた。呼びかけに応じたのは、テバイ率いるボイオティア同盟、エウボイア島のカルキスだった。ペロポネソス同盟、ボイオティア同盟、カルキスの３軍はそれぞれアテナイ領へ侵入した。

周囲の国境を一斉に侵されたアテナイは、まさに存亡の危機を迎えた。アテナイは、３軍すべてに対処するだけの軍事力を持っていない。最初に撃破すべき相手を、３軍のうち主力である、スパルタ率いるペロポネソス同盟軍と定め、同軍と対峙した。ところが、戦いが始まろうとした、その時、アテナイに思いがけない幸運が訪れた。

ペロポネソス同盟軍が戦う前に解散してしまったのだ。きっかけは、ペロポネソス同盟の主要ポリスであるコリントス軍の戦線離脱だった。コリントス軍は、イサゴラスを僭主にする、というクレオメネス王の真意に気づいた。こんな大事なことを秘して進軍したことに内心憤り、「自分たちの行動には大義がない」と言い残して突如帰国してしまったのだ。もともとコリントスはアテナイを倒すことに乗り気ではなかった。コリントスは、アイギナというアテナイ沖の島国と通商の覇権を競っていたので、アイギナと対立しているアテナイを利用してアイギナを牽制したかったのだ。

コリントス軍が離脱すると、スパルタ２王家――スパルタには王が２人いた――のうち、クレオメネス王と犬猿の仲といわれる、もう一人のスパルタ王デマラトスも戦場から引き上げてしまった。これを見た残りの同盟諸ポリスの軍隊もおのおの退去していった。

ペロポネソス同盟軍が散り散りとなって退却するのを確認すると、アテナイ軍は、後回しにしていたボイオティア同盟軍とカルキス軍に反攻した。まずボイオティア同盟軍と戦って大勝した。兵の多くを殺し７百人を捕虜とした。続いてアテナイ軍は、海を渡ってエウボイア島に上陸し、カルキス軍を撃破した。

ボイオティア同盟軍とカルキス軍に勝利したアテナイは莫大な戦利品を獲得した。カルキスから富裕市民の土地を取り上げ、アテナイ市民4千人に配分して定住させた――この定住は、母国から独立するアポイキア（植民市）ではなく、母国の市民のまま入植するクレルキア（植民地）という形をとった――。また、ボイオティア同盟軍とカルキス軍の捕虜を釈放するのに、両軍から1人2ムナ（2ムナは2百ドラクマ。1ドラクマは熟練作業員の日当。1ドラクマを1万円と仮定すると2百万円相当）の金をとった。

この経験によっておそらくアテナイ市民は、戦勝が莫大な利益をもたらすことに気付いた。カルキスの肥沃な土地を獲得して市民4千人に配分できたばかりか、巨額の捕虜釈放金も手に入れることができた。その金額は、捕虜が仮に1千人だったとしたら、1人2ムナなので計2千ムナ（40億円相当）にも及ぶ。僭主政の戦争回避政策の下では、こんな「うまみ」は味わえなかった。しかも、民主政である限り、それは一部の権力者に独占されることなく、原則として市民に平等に分配される。市民は「民主政を守らなければならない」と思うのと同時に、「戦争は儲かる」と感じたことだろう。

ギリシアの強国テバイ率いるボイオティア同盟軍とカルキス軍の双方を、アテナイ軍が撃ち破ったことは、ギリシアの諸ポリスにとっては驚愕だった。ギリシア中に「アテナイが軍事強国になった」という認識が広まった。

このアテナイの強国化を、ヘロドトスは次のように分析している。

「自由・平等がいかに重要なものであるか、を実証した。僭主政にあったときアテナイ人は、近隣のどの国をも戦力で勝ることができなかった。なのに、僭主から解放されるや他を圧倒する最強国となったからだ。圧政下にあったとき彼らは僭主のために働くので故意に卑怯な振る舞いをしていたが、自由になってからは各人が自分自身のために意欲的に働いたのだ」

つまり、民主政がアテナイ市民の自発性・エネルギーを解き放った結果だというのだ。わざわざペルシアと同盟を結ばなくても、敵軍を撃退する実力を、民主政アテナイは身に付けていたのだ。

クレイステネスの最期

アテナイが諸外国と戦っていた時、スパルタは驚倒する情報を入手した。かつて聖地デルフォイを訪れるたびにスパルタ人に下された「僭主を倒してアテナイを解放せよ」という神託は偽りであり、巫女を買収したクレイステネスの策謀だったことを知ったのだ。

スパルタ人は地団駄を踏んだ。神託に基づいて僭主ヒッピアスをアテナイから武力で追放したのに、アテナイ人からは感謝もされず、それどころか今や敵対関係にある。

スパルタは、自らがアテナイから追放した僭主ヒッピアスを亡命先の小アジアのシゲイオンから呼び寄せ、さらにペロポネソス同盟諸ポリスの使節も集めて、一堂に会した場で提案した。

「わがスパルタは、偽の神託に踊らされてヒッピアスを祖国から追い出してしまった。その結果、アテナイの支配を恩知らずな市民の手に委ねてしまった。彼らはボイオティアやカルキスを破り、力を強めている。わが国は誤った。だから、この過ちを取り除きたい。諸君に集まってもらったのは、そのためである。協力してアテナイに進軍し、ヒッピアスを僭主に復帰させることを諸君に提案する。ヒッピアスから奪ったものを彼に返すのだ」

ペロポネソス同盟諸ポリスの使節は黙り込んだ。とても賛成できないと考えたからだ。重い空気が漂う中、一人が発言した。コリントスの使節ソクレスだった。

「独裁政（僭主政）を経験していれば、これほど不当で残忍なことはないと知るはずです。かつて、わがコリントスの独裁者キュプセロスは、同胞である多数のコリントス人を追放し財産を没収しました。それればかりか、それをはるかに超える市民を殺しました。彼の息子ペリアンドロスは、それ以上の残忍な独裁者になりました。側室の誹謗中傷を信じて妻を殺して死姦し、妻の亡霊を慰めるためにコリントス中の女性から衣服を剥ぎ取りました。また、ミレトスの僭主の忠告に従って、反逆の芽を事前に摘むという理由だけで、コリントスの有力市民を次々と殺しました」

「スパルタの人々よ、独裁政というのは悲惨なものなのです。ギリシアのポリスに独裁政を敷こうなどと考えないで下さい。正義に戻って下さい。それでもヒッピアスを復帰させることを断念しないならば、他のポリスはいざ知らず、コリントスはあなた方の計画に賛同できないということを、ご承服願いたい」

この発言を、他ポリスの使節もこぞって支持した。こうして、スパルタのヒッピアス僭主復帰計画は挫折した。

スパルタの計画が失敗すると、ヒッピアスは、シゲイオンに戻り、ペルシアの力を借りて復権しようと活発に動き出した。ペルシアの州知事アルタプレネスに対して、自分はペルシア王ダレイオス1世に従うつもりだから、自分をアテナイの支配者にするように、と訴えた。

こんなヒッピアスの策動を知ったアテナイは、州都サルディスに使者を送り、ヒッピアスの口車に乗らないように強く求めた。

ところが、アルタプレネスは、とんでもないことをアテナイの使者に要求した。

「アテナイが安全を願うならば、ヒッピアスを復帰させよ」

ペルシアは、小アジアのギリシア人諸ポリスを支配するに当たって、ペルシアに忠実な僭主を擁立して間接統治する「僭主政強要政策」をとっていた。ペルシアに土と水を献上すると約束したアテナイにも、僭主政を強要しようとしたのだ。

もちろんアテナイの民会はこの要求を断固拒否した。アテナイとペルシアは、同盟どころか敵対関係になってしまった。アテナイ市民の対ペルシア感情は決定的に悪化した。

ペルシアと同盟を結びスパルタに対抗するというクレイステネスの「親ペルシア・反スパルタ」路線は、もはや市民の支持を得ることができなくなった。「ペルシア贔屓」と揶揄されたクレイステネスの政治的権威はますます失墜していった。史料では確認できないが、一説には、自身が制度化した陶片追放で最初に追放され失脚した、とも伝えられる。

クレイステネスは、民主政を生み出すという大偉業を成し遂げながら、その生涯を伝える記録がほとんど残っていない。没年も定かでない。「クレイステネスの改革」の功績によって、クレイステネスはアテナイ市民から国費で埋葬される栄誉を得た。しかし、彼がいつどこにどのように埋葬されたか、それを示した記録はまだ見つかっていない。

第3章　市民の伸張　――ペルシア戦争

1　イオニア反乱

ペルシアの僭主政強要

かつてアテナイが僭主政だった昔、ペルシアは、既にオリエントを統一し、空前の世界帝国を築いていた。東はインダス川から、西はエーゲ海北岸までを征服し、当時の人間からすると、世界のすべてを支配している、と感じてしまうような超大国だった。やがてこの超大国ペルシアと世界史に刻まれる大戦争を展開するとは、当のギリシア人も想像できなかっただろうが、その発端となる事件が小アジア（現トルコ）西岸のイオニアで起こるのである。

イオニアとは、エーゲ海に面した小アジア西岸の中部地域とその周辺の諸島を指した。古代ギリシア人の一派イオニア人（アテナイ人も同族）が、この地域に植民して、ミレトス、サモス、キオスなどの諸ポリスを築いたため、イオニアと呼ばれるようになった。

前５４０年代、そのイオニアをペルシアは自国領に組み入れた。ペルシアは、帝国内の異民族支配に寛容政策を採用した。兵役と納税の義務を果たしさえすれば、それぞれの伝統、文化、宗教を尊重し、内政には深く干渉しなかった。ただし、イオニアの諸ポリスに対してペルシアは、寛容政策を適用するに当たって、僭主政を強要した。市民の中からペルシアに忠実な僭主を擁立して市民を支配させ、兵役と納税の義務を徹底させたのだ。

このようなペルシアの支配下でイオニア諸ポリスは大いに繁栄した。ペルシアが帝国内の治安を維持したため、その平和を利用して交易が活発になったからだ。その結果、イオニア諸ポリスの市民はますます富んでいった。本来ポリスの主柱であるはずの市民は、皮肉なことに、富めば富むほど、ペルシアが強要する僭主政に不満を強めていった。

ペルシア支配下のイオニア諸ポリスの中で最も栄えていたのがミレトスだった。ミレトスの僭主アリスタゴラスは、野心家であり、エーゲ海に浮かぶナクソス島の征服を企てた。その際、ナクソスをペルシアの版図に入れると約束してペルシアから2百隻もの軍船と兵士を借りた。ところが、攻撃を4カ月続けてもナクソスは落ちず、ついには撤退を余儀なくされた。アリスタゴラスは窮地に陥った。ペルシアから征服失敗の責めを受けるのではないか、という強迫観念におそわれた。

悩んだ果てにアリスタゴラスは、もうペルシアから離反するしかない、と考えるに至った。そして実行に移した。彼はミレトス市民を前に、自ら僭主を退位し、ペルシアに反旗を翻すことを宣言したのだ。ペルシア支配の象徴である僭主政を廃止することは市民の願いだったから、市民は大歓迎した。他のイオニア諸ポリスにも僭主政廃止と決起を呼びかけると、こぞって呼応した。

前499年、こうしてイオニア反乱が勃発した。

イオニア全域が反ペルシアで固まると、アリスタゴラスは自らギリシア本土の最強国スパルタへ行き援軍を要請した。応対したスパルタ王クレオメネスは熟考したが、イオニアからペルシアの帝都スサまでの距離を問うたところ「３カ月の行程」と回答され、驚いて援軍を拒否した。それでもあきらめきれないアリスタゴラスは「私の頼みをかなえてくれるならば謝礼をしたい」と執拗に働きかけ、謝礼の金額も10タラントンから50タラントンへ次第に上げていった。その時、クレオメネス王の隣にいた幼い娘ゴルゴが「お父様、もう退席なさいませ。さもないと、この人に買収されてしまいますよ」と大声をあげた。クレオメネス王は娘の忠告を大いに喜び席を立った。交渉は決裂した。

〔ちなみに、タラントンは古代ギリシアの貨幣単位。基本の貨幣単位はドラクマで、１タラントンは６千ドラクマ。１ドラクマは、おおよそ熟練作業員の日当であり、５人家族が生活できる程度の金額だった。現代日本の貨幣価値には換算しにくいが、仮に１ドラクマを１万円とするならば10タラントンは６億円、50タラントンは30億円〕

やむなくアリスタゴラスはアテナイへ向かった。アテナイでは民会で演説し市民に援軍を要請した。折しもペルシアがヒッピアスの僭主復帰をアテナイに要求した直後で、反ペルシアの気運が高まっていたから、アテナイの民会は、要請を受諾し、兵士約４千人と20隻の艦隊派遣を決議した。アテナイのほか、エウボイア島のエレトリアも、かつて戦争で支援してくれたミレトスの恩義に報いるため、５隻の艦隊派遣を決めた。

歴史家ヘロドトスいわく、「この艦隊こそが、ヘレネス（ギリシア）とバルバロイ（異民族＝ペルシア）にとって不幸な事件（ペルシア戦争）の発端となった」。

反乱の成果

前４９８年、アテナイとエレトリアの援軍とともにイオニア軍は、ペルシアの小アジアの拠点である州都サルディスを襲撃した。襲撃は拍子抜けするほどスムーズに進んだ。大きな抵抗も受けずに州都の大半を占領してしまった。占領したイオニア軍は、街で略奪行為を行わなかった。紳士だったから、ではない。葦葺きの家屋が多かったため、略奪をする前にイオニアの兵士が一軒に火をつけただけで、街全体が炎上してしまったのだ。

そこへ、ペルシア軍の救援部隊がサルディスへ進軍してきた。イオニア軍は恐ろしくなってサルディスから急いで退却した。追撃するペルシア軍とイオニア軍は、エーゲ海に面した港町エフェソスで激突した。イオニア軍の大惨敗だった。多くの兵士が殺され、生き残った兵士も算を乱して逃げ散り、それぞれの祖国へ帰ってしまった。

エフェソスでは惨敗したものの、イオニア反乱は拡大し続けた。イオニアが超大国ペルシアの州都を陥落させた、というニュースに、ペルシア支配下の人々が刺激されたのだ。

これに危機感を覚えたペルシア王ダレイオス１世は、直ちに反乱鎮圧に着手した。まず、よりペルシア本土に近い地中海のキプロス島へ大軍を派遣し、反乱勢力を一掃した。続いて、ヘレスポントス地方やカリア地方の反乱ポリスを次々と撃破していった。

相次ぐ敗戦にアリスタゴラスは怖じ気づいて、反乱の首謀者でありながら、イオニアから逃亡してしまった。そして前４９６年、逃亡先で戦闘中に殺された。こうして首謀者は死亡したが、反乱は収まらなかった。各ポリスの代表からなるイオニア連合会議が反乱を指揮するようになった。

イオニア軍は、攻勢を続けるペルシア軍に対して、ミレトス沖の小島ラデ付近において海上決戦を挑むことにした。前４９４年、ラデ海戦が始まった。ペルシア艦隊６百隻に対してイオニア艦隊は３５３隻と劣勢だった上に、３分の１を占めるサモスやレスボスの艦隊が裏切って戦線を離脱したため、ついには壊滅してしまった。

ペルシア軍は鎮圧の手を緩めず反乱の拠点ミレトスを総攻撃した。ミレトス市民に反撃する力はもう残っていなかった。前４９４年ミレトスは陥落した。ペルシアは、ミレトスの街で略奪の限りを尽くし、放火して破壊した。男性市民を次々と殺し、女性と子どもは奴隷にした。その後ペルシアは、残りのイオニア諸ポリスも落とし、反乱を平定した。

イオニア反乱はしばしば、アリスタゴラスの私情による決起にすぎない、と酷評される。しかし、その首謀者が逃亡してもイオニア諸ポリスの市民は戦い続けた。イオニアの市民がペルシアの支配から脱することを望んでいたのは間違いない。

前４９２年、ペルシアはイオニア支配の手法を大きく見直した。僭主政を強要する政策を放棄して、ペルシアに従う限り民主政であっても認めるという布告を発した。計り知れない犠牲を出したイオニアの市民にとって、唯一の本当にささやかな成果だった。

2　マラトンの戦い

テミストクレスとミルティアデス

クレイステネスの改革以降、アテナイ国内は「親ペルシア」か「反ペルシア」か、で大きく揺れ動いた。既に見たように、民主政に武力介入してきたスパルタと対抗するためにペルシアと同盟を結んだ。しかし、ヒッピアスの僭主復帰をペルシアが要求してきたことで猛反発。ついにイオニア反乱へ援軍を派遣し、反ペルシアの旗幟を鮮明にした。

ところが、前498年のエフェソスでの惨敗後、アテナイは、イオニア反乱に関わることを一切やめ、再び親ペルシアに転じた。ヒッピアスを僭主に復帰させることはできないものの、ヒッピアス一門のヒッパルコス——暗殺されたヒッパルコス（ヒッピアスの実弟）とは別人で、ヒッピアスの孫とみられる——を筆頭アルコンに据えるなど、ペルシアへの恭順を懸命にアピールした。

しかし、親ペルシア路線も長くは続かなかった。前494年に陥落したミレトスでの虐殺や破壊行為を知ると、同族であるミレトス市民に深く同情し、ペルシアの凶行に激しく憤り、またもや反ペルシアに傾いた。

そして前493年に筆頭アルコンに選ばれたのは、反ペルシアの雄テミストクレスだった。彼は、貴族ではあったが、有力な門閥ではなかった。その彼が民主政下、平民らの反ペルシア勢力が拠点とする民会で頭角を現し、30歳代という若さでアテナイの最高官に登り詰めたのだ。

筆頭アルコンになったテミストクレスは、ペルシアの襲来に備え、アテナイ中心市街から西南約7キロのピレウスに軍港を建設し始めた。当時の外港ファレロンに比べ、防衛しやすく天然の良港となり得たからだった。彼は、ピレウス軍港を拠点に大艦隊を整備しようと思い描いたのだ。

当時の海戦は、青銅の「衝角」を船首にそなえた櫂船（オールで漕ぐガレー船）で敵船に体当りして衝角をぶつけて沈める、というものだった。この頃、両舷に一列の漕ぎ手を計50人以上乗せた「五十櫂船」が旧型となり、より推力を高めるため、細長い船体の両舷に漕ぎ手を上下３段に配置する新型の「三段櫂船」に移行しつつあった。三段櫂船は、乗員２百人のうち１７０人が漕ぎ手――残りは指揮官や弓兵、重装歩兵ら――であり、とにかく速く進むことができたから体当たりをするのに適していた。

ところが、この最新鋭の三段櫂船をアテナイはほとんど持っていなかった。テミストクレスは、三段櫂船の大艦隊を建造すれば、エーゲ海の制海権を握ってペルシアの侵攻を防ぐことができる、とみていた。また、市民全員を戦士として総動員できるようになり、軍事力が飛躍的に高まる、とも考えた。最下層の労働者級市民は、大勢いるのに、貧しいため武具を自前で調達できず戦士となれなかった。そんな彼らも、武具調達の必要がない軍船の漕ぎ手としてなら軍務を担えるからだ。

そして、テミストクレスが筆頭アルコンだった前４９３年には、もう一人の重要な反ペルシア主義者がアテナイに登場した。前５１６年に黒海貿易ルートの拠点ケルソネソスへ行き、そこで僭主になったアテナイの名門貴族ミルティアデスだ。彼はイオニア反乱でペルシアと戦ったため、ペルシアに追われて23年ぶりに祖国アテナイへ戻ってきたのだ。ほとんどのアテナイ市民が直接ペルシア人と接したことさえない中、ペルシアに関する彼の実戦経験や新鮮な生の情報は非常に貴重であり、彼の主張には説得力があった。そのため、ミルティアデスは60歳近い初老だったが、反ペルシアの老練なリーダーとして市民の信頼を獲得し、早々にストラテゴス（将軍）に選出された。彼は、膨大な時間と資金を必要とするテミストクレスの大艦隊建造構想に反対し、重装歩兵でペルシアを撃退することを主張した。アテナイ市民は、経験豊富な老将軍ミルティアデスを支持した。

ペルシア襲来

ペルシア王ダレイオス1世はギリシア遠征に着手した。イオニア反乱に加担した憎きアテナイとエレトリアを攻撃目標にして、これを機にギリシア全土を一挙に征服する腹だった。

前492年、娘婿マルドニオスを司令官とする遠征軍を編成し、進撃させると、瞬く間にギリシア北部の諸国を屈伏させた。難なくギリシア全土を征服できる勢いだったが、ペルシア艦隊が嵐によって遭難し大被害を出したため、これ以上の進軍を断念した。

次のギリシア遠征は前490年、ダティスとアルタプレネスを司令官に三段櫂船6百隻もの大艦隊で出撃した。彼らは、エーゲ海の島々を縫うように艦隊を進め、島々の諸ポリスを次々と征圧。攻撃目標の一つであるエウボイア島のエレトリアも陥落させた。

陥落の数日後、ペルシア軍はアテナイを目指して艦隊を進めた。上陸地点として選んだのは、アテナイ中心から北東に約40キロ離れたマラトンだった。今回のギリシア遠征に同行させていたアテナイの前僭主ヒッピアスが勧めたからだった。マラトンは、彼の地盤であり、父ペイシストラトスが３度目の僭主に就任した際、海外の亡命先から最初に上陸した、縁起の良い土地だった。

ペルシア上陸の報が届くと、アテナイはほぼすべての兵力――アルコン・ポレマルコス（軍事長官）のカリマコスを最高司令官、ミルティアデスら10人のストラテゴス（将軍）を部隊指揮官とする重装歩兵９千人――をマラトンに派遣した。これに対してペルシア軍は倍以上の２万人ないし２万５千人にも達し、兵力差は埋めがたかった。アテナイはスパルタへ援軍を要請した。しかし、スパルタは祭事の最中で宗教的な禁忌からすぐには援軍を派遣できなかった。派遣できるのは、早くても１週間以上経ってからだった。頼みとするスパルタからの援軍が期待できず、孤立無援となる中、マラトンに援軍を派遣したのは、アテナイの同盟国プラタイアイだけだった。小国プラタイアイは律儀にも、総兵力である重装歩兵１千人をマラトンに送ったのだった。

マラトンで、アテナイ・プラタイアイ軍とペルシア軍は向かい合ったが、なかなか合戦とはならなかった。アテナイ陣内では、スパルタの援軍が来ないことを理由に開戦をためらう指揮官が多かったのだ。彼らが尻込みするのも分からなくもなかった。

当時のギリシア人にとって、圧倒的な兵力のペルシア軍は想像を絶する大変な脅威だった。なにしろ、ペルシア軍は支配下の諸民族で構成する多国籍軍であり、ペルシア人だけでなく、メディア、エジプト、インド、フェニキア、リディアなどの人々があふれていた。その中には、反乱に失敗したイオニアのギリシア人もいた。言うならば、ペルシア軍の侵攻は「世界中の人間が攻めてくる」のに等しかった。したがって、ギリシアのどのポリスもこれまで、ペルシアの巨大軍隊に正面から決戦を挑むのは無謀だと考え、会戦を避けてきた。にもかかわらず、アテナイは今このマラトンの地でペルシアに未知の大会戦を挑もうとしているのだ。とんでもない勇気と決断が必要だった。

尻込みするアテナイ陣営の空気を変えたのはミルティアデスだった。彼は、最高司令官カリマコスらに対して「今ここで団結して戦わなければアテナイに未来はない」などと必死に説得し、なんとか、戦端を開くことを指揮官の総意として決定させたのだった。

それでも、すぐに戦いの火蓋が切られたわけではなかった。アテナイでは、ポレマルコス（軍事長官）の監督下、10人のストラテゴス（将軍）が一日交替で全軍の指揮をとることになっていた。開戦を決してから各ストラテゴス（将軍）は、自分の指揮当番日が来るごとに、その権限をミルティアデスに譲った。全軍の指揮官として最も適していると思ったからだった。これに対して、ミルティアデスは、指揮権委譲を受け入れはしたけれども、なぜか戦闘を始めなかった。

ケルソネソス僭主の経歴を持つだけに民主政アテナイが定めた輪番ルールを壊して「反民主主義者」というレッテルを貼られることを警戒したのかもしれない。あるいは、たまたま開戦の好機ではなかっただけなのかもしれない。

それは分からないが、確かなことは、ミルティアデスの指揮当番日にマラトンで戦端が開かれたということだ。今日では、その日付も——異説があるものの——ほぼ特定されている。前490年9月12日、と。

ミルティアデスの作戦

ミルティアデスは次のように布陣した。最右翼は、慣例として最高司令官カリマコスだった。左腕の円盾で守るファランクス（密集隊形）は右側の防御がどうしても手薄になるから、その最も危険な最右翼が最も栄誉ある部署とされていたのだ。次に、カリマコスの左隣に各ストラテゴス（将軍）の部隊を順に配置していき、最左翼にプラタイアイ軍を置いた。

全体の隊列は、横幅をペルシア軍と同じ長さ（２キロ前後）にまで伸ばした。ペルシア軍より短いと、左右の側面から襲いかかられてしまうからだ。隊列の縦幅（深度）は、兵数が少ないので薄くせざるを得ないが、一律に薄くするのではなく、中央部の部隊を重装歩兵わずか数列と限界まで薄くする一方、左右両翼の部隊を分厚くした。

ペルシア軍は元来、弓兵や騎兵によって敵の陣形を崩して、中央の主力部隊によって突き崩す、という戦法を得意としていた。ミルティアデスは、この戦法を熟知していたのに、あえてペルシア主力部隊と対峙する自軍の中央部を薄くし、左右両翼を厚くしたのだ。

両軍が布陣を終えると、ペルシア軍は、中央部が極端に薄い敵隊列を見て、「造作無く撃破できる」と大喜びした。ペルシア軍が早くも勝利を確信する中、アテナイ・プラタイアイ軍の重装歩兵はファランクス（密集隊形）を組んで進軍を開始した。ペルシア軍よりはるかに少ない兵で、しかも弓兵や騎兵の援護もなく歩兵だけで進む姿を見て、ペルシア兵は「狂気の沙汰だ」「自殺する気か」と罵りあざ笑った。そして、得意とする弓を引いて、この愚かな敵兵を迎撃する態勢を整えた。およそ150メートルという弓の射程に入れば、難なく射殺することができる。

ところが、アテナイ・プラタイアイ軍は、射程に入りそうになるやいなや急に、全力疾走で突撃してきた。前代未聞のことだった。ファランクス（密集隊形）は、重装歩兵が円盾を隙間なく垣根のように連ねて隊形全体を覆う「鉄壁の防御」が最大の強みだった。駆け足で突撃したら、隊列が乱れ、円盾で隙間なく覆うことはできない。

にもかかわらずミルティアデスは、あえて重装歩兵を全速力で走らせた。彼は、接近する敵兵に多数の矢を雨のように降らせて殺傷するペルシアの戦法を知っていたから、矢を少しでも早くかいくぐることを優先したのだ。射程内の危険圏域を駆け抜けて敵に肉薄して白兵戦に持ち込めば、たとえ倍以上の兵力差があったとしても勝算は十分ある、と踏んだ。木製の盾と革製の胴着のペルシア歩兵は、青銅の円盾と甲冑を身につけるギリシアの重装歩兵と比べ、はるかに軽装備だったからだ。

現実の戦いはミルティアデスの計算通りに進んだ。動揺したペルシア弓兵は、全速力で急接近してくる敵兵に、矢を十分に浴びせることができなかった。大きな被害を免れたアテナイ・プラタイアイ軍は、進撃の速度を緩めることなく、ペルシア軍に激突した。

戦いは中央部では、ペルシア軍精鋭の主力部隊が、隊列の薄いアテナイ・プラタイアイ軍を一方的に押し込み、勝利目前だった。片や左右両翼では、兵力を分厚く配置したアテナイ・プラタイアイ軍がペルシア軍のいわば非精鋭部隊を相手に優勢に戦いを進め、やがて敗走させるのに成功した。追撃すれば敗走部隊の壊滅も可能だったが、そうせずに、中央部で突き進むペルシア主力部隊に左右から一斉に襲いかかった。勝利をつかんだと思っていたペルシア主力部隊は、敵兵に囲まれ、一転して劣勢となり敗北してしまった。

ミルティアデスの作戦——意表を突いた駆け足突撃、左右両翼を分厚くした布陣、敗走敵兵を追撃せず中央部隊に左右両翼から襲いかかった包囲攻撃——はことごとく的中したのだ。

休むことなくアテナイ・プラタイアイ軍は、敗走した左右両翼のペルシア兵を追撃し、浜辺に停泊するペルシア軍船を破壊しようと攻め立てた。ペルシア兵は軍船で沖に逃げようと必死に抵抗したので、大激戦となった。その結果、アテナイ・プラタイアイ軍は、大半の敵船を逃した上、最高司令官カリマコスをはじめ名だたる将兵を失うなど、小さくない犠牲を出した。が、恐怖の的であったペルシアの大軍を蹴散らし完勝した。マラトンでの戦死者は、ペルシアが全体の四分の一を超える６４００人に上ったのに対し、アテナイはわずか１９２人だった。

けれども、アテナイ軍が勝利に酔いしれることはできなかった。沖に脱出したペルシア艦隊が、エーゲ海の島々へ戻らず、スニオン岬を迂回してアテナイの外港ファレロンへ向かう航路をとったからだ。アテナイ中心市街を急襲するつもりなのは間違いなかった。

ミルティアデスは愕然とした。迫り来るペルシア軍を見たら、中心市街に残るアテナイ市民は「全兵力を投入したのにマラトンで敗北した」と勘違いして降伏してしまうだろう。そうなったら、せっかくの勝利が水泡に帰してしまう。

ミルティアデスは、韋駄天の伝令フィリッピデスを中心市街へ急行させた。彼は約40キロを必死に走り到着すると、最後の力を振り絞って「勝った」と市民に告げた。そして絶命した。――この故事にちなんで陸上競技のマラソンが生まれた。ただし、同時代の歴史家はこの故事を一切伝えておらず、後世の創作とみられている――

ペルシア艦隊がアテナイ市民の前に現れたのは、伝令の後を追って帰還を急いだアテナイ本軍が中心市街に到着して布陣を終えた時だった。それを見たペルシア艦隊は、攻撃をあきらめて本国へ引き上げていった。スパルタの援軍2千人がアテナイに到着したのは、このあとだった。一方、ペルシア軍に同行していた老ヒッピアスは、僭主復帰の夢破れまもなく他界した。

戦後、アテナイでは、マラトンで戦った市民を「マラトンの戦士（マラトノマコイ）」と呼び、救国の英雄として熱狂的に迎え入れた。その結果、重装歩兵となって活躍した中産階層「農民級＝重装歩兵級（ゼウギタイ）」市民の地位が著しく向上した。それは民主政の発展に弾みをつけた。

3　テミストクレスの台頭

ミルティアデスの末路

アテナイ市民は連日連夜祝杯をあげてマラトンの戦勝に酔いしれた。マラトンの英雄ミルティアデスも同様だった。むしろ彼は慢心しているかのようだった。まず彼は、不遜にも自身のマラトンでの栄誉を顕彰するよう民会に要求した。これに対して民会は、彼個人の功績ではなく、市民戦士全員で勝ち得た偉業だとして却下した。次にミルティアデスが求めたのは海外派兵だった。彼は派兵先すら告げずに「莫大な金を容易に手に入れることができる土地に出征する。私の言う通りにすれば必ず市民諸君を金持ちにしてみせる」と約束し、アテナイにあるほぼすべての船70隻と兵士、軍資金を要求したのだ。白紙委任を強要するかのような高飛車な要求だったけれども、民会は彼の約束に乗せられて承認した。誕生間もない民主政の脆弱さを浮き彫りにした民会承認だった。

ミルティアデスが向かった先は、エーゲ海南部のキュクラデス諸島の島国パロスだった。前489年、ミルティアデス率いるアテナイ軍はパロスの城壁を包囲して攻撃を始めた。しかし、いっこうに落とすことができなかった。そればかりか、戦闘の最中、彼自身も腿を負傷してしまった。結局、一銭も持ち帰ることなく、アテナイ軍はほうほうの体で退散した。

帰国したミルティアデスを、アテナイ市民は裁判にかけた。罪状は市民に対する欺瞞行為。すなわち「市民を金持ちにする」という公約を果たさず市民を騙した罪だ。告発者のクサンティッポス（ペリクレスの父）は、その責任を厳しく追及し、死刑に処すよう民会に求めた。

民会が下した判決は有罪だった。死刑は宣告しなかったものの、50タラントンという途方もない巨額な罰金刑を科した。ミルティアデスは、罰金を支払えずに牢につながれたまま、腿の傷が悪化して世を去った。マラトンの英雄は、マラトン戦の翌年に獄死したのだ。

それにしても、なぜ、こんな過酷な判決をアテナイ市民は下したのだろうか。のちのローマ時代の歴史作家ネポスは、市民がミルティアデスに僭主の気配を感じ取り、たとえ無実であろうと処罰することを選んだ、と伝えている。確かに、ミルティアデスはマラトン後、武勲を鼻にかける居丈

【図表3―1】陶片追放（オストラキスモス）の主な事例

年	追放者名	備考
前487年	ヒッパルコス	（最初の追放）僭主ヒッピアスの孫？　親ペルシア
前486年	メガクレス	アルクメオン家クレイステネスの甥　　親ペルシア
前485年	氏名不詳	「僭主の友人」(アリストテレス)　　親ペルシア
前484年	クサンティッポス	ミルティアデスの告発者。　ペリクレスの父
前483年	アリステイデス	テミストクレスの政敵。　通称「正義の人」
前471年	テミストクレス	サラミス海戦勝利の立て役者。大艦隊創設者
前461年	キモン	常勝将軍。マラトンの英雄ミルティアデスの子
前440年代	ダモン	音楽家、ソフィスト。　ペリクレスの師
前443年	トゥキュディデス	ペリクレスの政敵　(同名の歴史家とは別人)
前417年	ヒュペルボロス	（最後の追放）

高な要求が目立った。市民がミルティアデスの独裁を警戒する中、政敵ミルティアデスを失脚させようとクサンティッポスが働きかけたため、市民はこれ幸いと過酷判決を下したのだろう。民主政において、決定権は市民にあることを、如実に示した出来事だった。

政敵排除

ミルティアデスの死後、アテナイでは政権争いが激化し、内政上の重要事案が次々と起こった。

その第1は、前487年に最高官アルコン（執政官）の選出方法を選挙から抽選に変更したことだ。これによって、「家柄」を武器にアルコン選出を実現してきた名門貴族は、権力基盤が削がれた。非門閥貴族のテミストクレスにとっては有利な制度変更だった。

第2は、陶片追放（オストラキスモス）が立て続けに発動されたことだ。史料によると、陶片追放が初めて発動されたのは前487年。なぜか、創設から20年経って突然使われ始め、以降5年連続で実施された。その状況は図表の通りである。

創設から休眠状態だった陶片追放が、この時になって立て続けに発動された理由は不明だが、このあとテミストクレスがアテナイを牛耳る存在となったことから推測すると、彼が陶片追放を使って政敵を次々と排除していった可能性が高い。門閥に属さない彼の基盤は、「家柄」ではなく、民会における市民の支持、つまりは「票」だった。テミストクレスにとって陶片追放は、市民の票決によって政敵を排除できるうってつけの制度だったに違いない。

前４８７年に陶片追放を初めて使用するテストケースの標的として、僭主一門のヒッパルコスは最適だった。エフェソス大敗後の前４９７年、ペルシアに恭順の意を表すため彼は筆頭アルコンにもなったから、ペルシアを後ろ盾に僭主になる恐れはある、と市民も感じていた。次の陶片追放者アルクメオン家当主メガクレス――クレイステネスの甥。クレイステネスの父もメガクレスだが、古代ギリシアでは子や孫に同じ名前をつけることが多い――も、マラトン戦でペルシア軍に合図を送って内応を企てた、と噂されたほどの「親ペルシア」だったから、ペルシアと謀って僭主になる危険性を訴えやすかった。

だが、このあと陶片追放は、僭主防止という本来の目的を無視して、政敵排除の手段として公然と使われる。アリストテレスによると、前４８４年のクサンティッポスは僭主に関係なく陶片追放された最初の人だという。そして翌前４８３年、テミストクレスの最大の政敵アリステイデスが陶片追放の餌食となる。かくしてテミストクレスはアテナイの実権を掌握した。

アテナイ大艦隊の建造

前483年、テミストクレスに願ってもない幸運が訪れた。アテナイのアッティカ半島南部にあるラウレイオン銀山で新たな銀鉱脈が発見されたのだ。この銀収入を財源にすれば、ペルシアの再襲来に備えて大艦隊を建造するという彼の悲願が達成できる。

テミストクレスは、三段櫂船2百隻の建造案を民会に提出した。この建造数がいかにすごいことか。実現すれば、アテナイは一躍ギリシア最大の海軍国に躍り出る。それは、アテナイ市民全員が軍船に乗り組んでも足りないほどの規模だった。三段櫂船の乗員は1隻2百人なので、2百隻なら計4万人が必要となる。その乗員数を満たすには、アテナイ市民のみならず、自由身分であるアテナイの在留外国人（メトイコイ）の徴用も不可欠となるのだ。

しかし当初、アテナイ市民は、銀産出に伴う臨時収入を市民で分配するつもりだった。ほとんどの市民は「分配は当然の権利」と思っており、軍船建造の必要性など感じなかった。ペルシアを撃退した重装歩兵がある限り国防は万全だと信じており、憧れの重装歩兵になる市民の誇りを捨て、海兵にされてしまうような軍船建造案を支持する気にはなれなかった。しかも、既にマラトン戦から7年が経過して、ペルシアの脅威自体が薄れていた。ペルシアの襲来に備えるため、と説いても、市民は納得しない状態だった。

そこでテミストクレスは、交戦状態にあるアテナイ沖の島国アイギナを持ち出して、軍船建造の必要性を熱く市民に訴えた。

「マラトンで超大国ペルシアを撃破したわれらが、小国アイギナにはいまだに勝てないでいる。どうしてか。アイギナはギリシア有数の海軍国であり、最新鋭の三段櫂船を積極的に配備している。

これに対してわれらは旧式の五十櫂船ばかりで、とても太刀打ちできない。したがって、アイギナに制海権を握られ、われらの国土は好きなように上陸されて荒らされているのだ。アイギナ海軍を圧倒するために、三段櫂船２百隻をどうしても建造しなければならない」

この説得が実って、軍船建造案は民会で決議された。ギリシアの運命を左右する重大な決定だった。この三段櫂船があればこそ、ペルシアの侵攻を防ぐことが可能になるのだ。

4　サラミスの海戦

ギリシア連合の結成

アテナイが三段櫂船２百隻を建造し始めた頃、ペルシアは再びギリシア侵攻へ動き出した。ペルシア王はダレイオス１世が死亡し、長子クセルクセスが王位を継いでいた。

前４８１年春、クセルクセスは自ら大軍を率いて帝都スサを出陣した。その軍勢は、当時の人からすると気の遠くなるような雲霞のごとき大軍だった。ヘロドトスによると、遠征軍に加わらなかったアジアの民族は一つもない空前の規模であり、進軍したあとは河川が飲み干されて涸れ果ててしまったほどだった。その総数５百万人超、とヘロドトスは推計したが、近年の研究では20万～30万人というのが大方の見方となっている。

ペルシアの侵攻にギリシアの各ポリス市民は慌てふためいた。服従を求めるペルシアに対して、多くのポリスは恐れをなして戦う前に屈伏した。

一方、アテナイでは対応を決めるため、デルフォイの神託をうかがった。神託は、アテナイの壊滅を予言し、国土を捨てるほかない、という絶望的な内容だった。ただ、一縷の望みとなる「唯一『木の砦』が汝と子らを救わん」という句が入っていた。

木の砦とはかつて茨の垣で囲まれていたアクロポリスのことだ、と解釈する古老らは、アクロポリスでの籠城戦、もしくは国土を捨てる移住策を主張した。これに対して、テミストクレスは、木の砦とは軍船を指す、と主張し、艦隊による徹底抗戦を訴えた。

アテナイ市民はテミストクレスを支持した。他のギリシア人の同志と協力し、総力を挙げてペルシア軍を迎え撃つことを民会で決議した。さらに、かつて陶片追放に処した有能な人材全員を帰国させる指令も発した。ここにペルシアと断固戦う方針が固まった。

前４８１年秋、アテナイやスパルタなど反ペルシア諸ポリスは、ギリシア中央部とペロポネソス半島とを結ぶコリントス地峡「イストモス」に集まり、一致団結してペルシアと戦う盟約を誓い合った。ここに対ペルシア軍事同盟「ギリシア連合」が成立した。反目ばかりしていた諸ポリスが手を握る、という空前絶後のことだった。イストモスでは、ギリシア連合軍をスパルタが統帥すること、加盟国間の対立を解消することも決められた。これを踏まえ、加盟したアテナイ、アイギナ両国は、直ちに紛争を終結して和解した。

ギリシア連合はペルシアとの戦いを「自由の価値を知るギリシア人と、その価値を知らずに自由を奪おうとするペルシア人との戦い」と位置づけた。実はギリシア連合とはいっても、ギリシアの代表とはとてもいえなかった。ギリシア連合の詳細なメンバーは分かっていないが、ギリシア本土には５百を超えるポリスが存在していたのに、実際にペルシアと戦ったのは31にすぎなかった。そうした実態をよそにして、ギリシア連合は、自由を奪うペルシア人と対決するギリシアの正統な代表として自らを喧伝した。

テルモピュライの戦い

ギリシア連合は防衛ラインを、アテナイの北西約１４０キロメートルに位置するテルモピュライに置いた。テルモピュライは、背後の山が海岸に迫る天然の要害で、ペルシアの大軍を待ち受けるにはうってつけの場所だった。

テルモピュライのギリシア連合軍は、スパルタ王レオニダスを総司令官に総勢わずか４千２百人、中核となるスパルタの重装歩兵も３百人にすぎなかった。オリンピア競技会（古代オリンピック）開催中の不戦期間であったため、各ポリスとも本隊を派遣できなかったのだ。

そんな中、前４８０年８月、ペルシアとギリシア連合はテルモピュライで衝突した。ギリシア連合軍は少ない兵力ながら巧みにペルシア軍の攻撃をかわし、敵兵に大きな損害を与えた。ペルシア軍の被害は増える一方で、クセルクセス王は事態の打開に苦慮していた。そこへ、彼を救う情報がもたらされた。近くのギリシア人住民が、莫大な恩賞を目当てに、テルモピュライの背後に抜ける間道の存在をペルシア軍に教えたのだ。

ペルシア軍がこの間道を進軍すると勝負は決した。レオニダスは、各部隊を撤退させ、自身のスパルタ部隊３百人でテルモピュライを死守しようとした。これに、テスピアイ部隊７百人も自らすんで加わった。しかし、ペルシアの猛攻に両部隊ともついに力尽き、全員が壮絶な戦死を遂げた。

テルモピュライ陥落の報を受けて、アテナイの人々は急ぎ本国（アッティカ地方）からの疎開を始めた。実は、テルモピュライの戦いの前にアテナイ民会は、テミストクレスの提案に従って、ペルシア軍が迫ってきたら国土防衛を放棄して海上決戦に挑む、という悲壮な決断を下していた。老人、女性、子供ら非戦闘員を国外へ疎開させ、成年男子の戦闘員を艦隊に乗務させて戦うことを、事前に民会で決議していたのだ。その決議に基づいて非戦闘員は、住み慣れた家屋も農地も墓も捨てて避難を急いだ。アテナイのほぼ全員を集団疎開させる難事業だったが、事前の民会決議のおかげでなんとか完了できた。そんなアテナイ人を疎開先の国々は暖かく迎え入れた。その一つトロイゼンは、国費で生活費１日２オボロスを支給し、子供の教育費も助成した。

ギリシア連合艦隊の内部対立

その間、ギリシア連合艦隊はサラミス島に集結した。集結した艦隊は三段櫂船３７８隻で、そのうち過半の２百隻はテミストクレスが指揮するアテナイ艦隊だった。

さっそく軍議が開かれた。ペロポネソス半島内の諸ポリスの指揮官は、ギリシア連合の陸軍が陣取るイストモス（コリントス地峡）の周辺海域での戦いを主張した。万一敗れたとしても味方のいる陸地に上陸できるからだった。

ペロポネソス諸ポリスは、昼夜兼行の突貫工事でイストモスに防壁を築いており、イストモスを次の防衛ラインにするつもりのようだった。もしそうなら、アテナイをはじめとするイストモス以北のポリスは見捨てられる。したがって、テミストクレスはイストモスでの海戦案に猛反発した。

そんな議論の最中に、ペルシア軍はアテナイの国土（アッティカ地方）を侵し始めた。ペルシア軍は、テルモピュライを突破したあと、テバイなどボイオティア地方の諸ポリスをいともたやすく服従させ、瞬く間にアテナイに押し寄せたのだ。アテナイでは、疎開を終え、神殿を守る財務官や女神官ら少数の住民がアクロポリスに立て籠もっていたが、そこも間もなく落城し焼き払われた。アッティカ地方はペルシアに完全制圧された。

ギリシア連合艦隊を構成する各ポリスの指揮官は激しく動揺した。軍議を抜け出して逃走しようとする指揮官さえいた。大混乱の中、軍議では、サラミスを退去してイストモスへ急行し、その周辺海域で戦うことを決定した。これに不満なテミストクレスは、スパルタ人の連合艦隊総司令官エウリュピアデスに改めて軍議を開くよう激しく詰め寄った。エウリュピアデスもこれを呑まざるを得なくなり、再び軍議が開かれた。再軍議の席上、テミストクレスは懸命に訴えた。

「イストモスで交戦するならば、大海で海戦することになり、軍船数で大きく上回る敵艦隊に勝てる見込みは皆無となる。それに比べ、サラミスという狭い海域での戦いは、わが方に有利である。サラミス水道で海上決戦に持ち込むしかない」

こうまくし立てるテミストクレスに、コリントス艦隊の指揮官アデイマントスは怒った。

「祖国を失った者は黙っておれ。意見を述べるのならば自分の国をはっきりさせよ」

コリントスはイストモスを領有するペロポネソス半島内のポリスであり、その指揮官アデイマントスはサラミス退去を唱えていた。だから、それを阻止しようとするテミストクレスの主張は腹立たしかった。他のペロポネソス諸ポリスの指揮官も次々と発言した。

「アテナイ人は国土アッティカから退去した。ならば、サラミスにとどまって、既に放棄したその地を守る必要はない。イストモスへ急行し、守るべき土地を守るべし」

「テミストクレスよ、君は故国を失った。国を持たない者が、まだ国を持っているわれらに対し、そんなことを主張する資格はない」

こう批判されると、テミストクレスは、海に浮かぶアテナイ艦隊を指さし豪語した。

「見よ。わがアテナイはあそこにある。われらアテナイ市民が乗るあの軍船2百隻がある限り、われらにはどこよりも強大な国があるのだ。現に、あそこに浮かぶわがアテナイを撃退しうる力のある国は、ギリシア中どこを探しても一つもないではないか」

そして、最後通告をした。

「もし私の意見を採用しないのならば、いたしかたあるまい。われらアテナイ人は、戦線を離脱し、このまま家族を収容して南イタリアへ移住する。諸君は、アテナイという友軍を失って初めて、私の意見の重みを思い知るであろう」

もはや脅迫だった。ギリシア連合艦隊の大半を占めるアテナイ艦隊が抜けたら、間違いなくペルシアに制海権を奪われ、陸戦での勝利すら絶望的となる。諸ポリスの指揮官は色を失った。総司令官エウリュピアデスは、サラミスで海上決戦を挑む、というテミストクレス案を採択せざるを得なかった。イストモスへ急行するという先の方針は撤回された。

一方、ペルシア軍は、アテナイの国土を占領すると、サラミス水道の外海に７百隻を超す大艦隊を配置し、陸軍をイストモスへ進軍させた。

これを見たギリシア連合艦隊の諸将は恐怖と不安に襲われた。特にペロポネソス諸ポリスの諸将は動揺が甚だしかった。彼らは「なぜわれらがサラミスにとどまって、アテナイ人のために海戦を行う必要があるのか」「自国防衛に駆けつけることができなくなってしまう」と不満をぶちまけ、軍議のやり直しを強く要求した。再再度、軍議が開かれた。議論はとめどなく続いた。

テミストクレスは、もうペロポネソス諸ポリスを説得するのは不可能だと覚悟した。そして密かに謀略を実行した。

ギリシア連合艦隊が軍議を開いている最中、シキンノスという名のペルシア人がアテナイの使者として極秘にペルシア陣営を訪れた。彼は、テミストクレスの息子の家庭教師であることを明かした上で、主人テミストクレスの伝言を告げた。

「アテナイの指揮官テミストクレスは、身勝手なポリスばかりが集まるギリシア連合に愛想を尽かしており、ペルシア王に心を寄せております。今やギリシア連合艦隊は、ペルシアの大艦隊の偉容に恐れをなして、サラミスからイストモスへ逃げ出そうとしています。その逃走経路を断って攻撃を仕掛けるならば、貴軍の勝利は間違いありません。内応する艦隊も必ず出ます。むろんアテナイ艦隊は真っ先に寝返ることをお約束します」

この言葉をペルシアは信じた。サラミス退去をめぐるギリシア連合内部の意見対立は把握していたし、アテナイの寝返りも不思議ではなかった。アテナイが国土を回復するための最も確実で現実的な方法はペルシアに従うことであり、今となってはギリシア連合にアテナイの国土を奪還する力はない。アテナイが裏切れば、もはやギリシア全土を制圧したのと同じだった。ペルシアは色めき立ち、テミストクレスの話に飛びついた。

クセルクセスはすぐに動いた。まず、ペルシア艦隊のうちエジプト艦隊2百隻をサラミス水道の背後（西）に派遣し、後方の逃げ道を塞いだ。続いて、サラミス水道の前面（東）にふたをするかのように主力艦隊を配置し、その海域すべてを軍船で覆い尽くした。

ペルシア艦隊に包囲されたことにギリシア連合陣営が気づいたのは、堂堂巡りの軍議の最中だった。もうサラミスから退却することは不可能だ。これでペロポネソス諸ポリスも腹をくくった。テミストクレスの思惑通り、サラミスでの海上決戦が軍議で決まった。彼が従僕シキンノスをペルシア陣営に派遣したのは、このための秘策だったのだ。

海上決戦

サラミス水道は、アッティカ本土とサラミス島との間の海域で、その幅は広いところでも2キロメートル、狭いところはわずか9百メートルほどという狭隘な海峡だ。このサラミス水道を見下ろすことができるアイガレオス山に、ペルシア王クセルクセスは玉座を設けた。彼は、ここで間もなく行われる一大海戦を見学して、ギリシア連合艦隊が全滅する様を見届けようと嬉嬉としていた。それもそのはず、両軍の陣容をみると、圧倒的にギリシア方が劣勢だった。ペルシア艦隊は、サラミス水道背後に回ったエジプト艦隊２百隻を除いても、５百隻超に上った。対するギリシア連合艦隊は約３８０隻にすぎない。

前４８０年９月28日（異説あり）、サラミス水道で大海戦が始まった。

最初に動いたのはギリシア連合艦隊だった。大歓声をあげてラッパを響かせて、サラミス水道から外海に乗り出した。迎え撃つペルシア艦隊が迫ってくると、ギリシア連合艦隊は急に前進するのをやめて、櫂（オール）を逆に漕ぎ、船を後退させ始めた。

さらに、ギリシア連合艦隊の最後尾にいたコリントス艦隊50隻は帆を上げて、サラミス水道の背面方面へ向かっていった。三段櫂船は戦闘時に帆を降ろし櫂で漕がなければならなかった。帆を上げているということは、戦意がないという証拠だった。

ペルシア陣営は、テミストクレスの密告の通り、戦意を喪失して逃走し始めた、と思った。やがてアテナイ艦隊も裏切ってペルシア方に付く、と確信し、はやり立ってしまった。ペルシア王クセルクセスの前でギリシア軍船を撃退して恩賞に与ろうと、ペルシアの軍船は争うように狭いサラミス水道へ突入した。サラミス水道の奥深くまで押し寄せ、満ち満ちた。

その時、ペルシア艦隊の側面から突然、ギリシア連合艦隊の伏兵が現れた。入り組んだ入り江や島影に隠れていた伏兵のギリシア軍船が、ペルシアの軍船の側面に次々と襲いかかった。と同時に、後退していたギリシア連合艦隊も反転し、ペルシア艦隊に突撃した。

ペルシア艦隊は大混乱となった。ペルシアの大船団が狭いサラミス水道に集まってしまい、連携することもできなかった。攻撃をかわすために後退しようとする前線のペルシア軍船に、後方から前進するペルシア軍船が次々と衝突した。前線の実情がよく分からないのに、後方の軍船が、ペルシア王の前で勇み立ち、前進し続けたのだ。味方同士の衝突で、櫂を壊し、航行不能となる軍船も続出した。

さらに、ギリシア連合艦隊にとって幸運なことに、戦闘の最中、強烈な風が吹き、サラミス水道の波を荒立てた。ペルシア艦隊は、この波を受けて軍船をうまく操舵できなくなった。ペルシアの軍船は甲板が高く、風や荒波の影響を受けやすい。これに乗じて、重心の低いギリシア連合艦隊の軍船は、ペルシア軍船の横っ腹に体当たりしていった。船体を破壊されたペルシア軍船は、次々に航行不能、もしくは沈没していった。

海戦は日没によって打ち切られた。ペルシア艦隊は、クセルクセスの弟をはじめ多くの将兵が死亡し、軍船2百隻以上が沈没・破壊された。これに対してギリシア連合艦隊は、死者は少なく、沈没・破壊された軍船も40隻にとどまった。ギリシアの大勝利だった。

サラミス海戦に従軍したアテナイの悲劇作家アイスキュロスは、海戦から8年後、ペルシア側の視点で海戦を描いた悲劇「ペルシア人」を発表した。サラミスの体験者だけに、その戦闘描写は臨場感にあふれている。おそらく実際の戦場も次のようであったのだろう。

「ギリシア連合艦隊は八方から襲いかかった。海面は、撃破されたわがペルシア軍船の残骸や死体に覆われて、見えるところもない有様。海岸も累累たる死屍で埋まってしまった。残ったペルシア軍船は算を乱して逃げ回るばかり」

「ギリシア兵は、海に落ちたペルシア兵を、まるで網にかかった魚の群れのように、櫂や棒きれで打ったり刺したり。わがペルシア兵のうめき声や悲鳴が広い海に満ち満ちた。夜が訪れ視界を遮るまでそれは続いた」

　このような惨状を一望していたクセルクセスは、身の安全が心配となり、急ぎ本国へ退却し始めた。これを知ったテミストクレスは追撃を主張したが、軍議で却下された。死にものぐるいの反撃を招くから、帰国させる方が得策だと判断されたのだ。このあとテミストクレスは、クセルクセスに密使を送り、「テミストクレスがペルシア王のために追撃を制止した」と伝えた。追撃中止という軍議決定を利用して、抜け目なく恩を売ったのだ。

5　ペルシア駆逐

アテナイ壊滅

ギリシアに侵攻したペルシアの海軍はサラミスで大打撃を受けたが、陸軍はまだ健在だった。ペルシア王クセルクセスは本国へ退去する際、陸軍の総司令官にマルドニオスを任命し、ギリシア征服を委ねた。マルドニオスはギリシア北部で冬営し、翌年春に軍を南下させるつもりだった。——当時の戦争は、穀物の収穫を終える春すぎに始めて秋に終えるのが通例だった——

ギリシアへ侵攻する前にマルドニオスは、アテナイに使者を派遣して講和を申し出た。アテナイを味方に引き入れれば容易にギリシアを征服できる、と考えたのだ。申し出は、アテナイの独立を保障するのはもちろん、元の領土に加えて望んだ地域を新たに領土として与えることを確約。さらには、焼き払ったアテナイの神殿をペルシアの負担で再建する、と訴えた。誰もが受諾するような破格の内容だった。

ペルシアの使者が講和を申し出たアテナイの会場には、それを事前に察知したスパルタの使者もアテナイの許可を得て同席していた。スパルタの使者は、ペルシアの破格の講和提案に大いに驚いて、アテナイに和睦しないよう必死に訴えた。ついには「（本土アッティカを陵辱された）貴国が農地を失い収穫物を奪われ、さらには家財を破壊され、窮地に陥っていることについては、同情を禁じ得ない。われらスパルタとギリシア連合諸ポリスは、貴国の婦女子と非戦闘員を戦争が続くまで扶養することを約束する」とまで提案した。

アテナイの返答は——。ペルシアの使者に対しては「太陽が東から昇り西へ沈むことを止めない限り、われらがペルシア王と講和することはない。ペルシア王は、われらの国土を荒らし、われらの信仰する神殿と神像を平気で焼き払い汚した。神々のご加護があることを信じて、われらはあくまでペルシア王と戦うつもりである」と徹底抗戦を宣言した。

そしてスパルタの使者に対しては「われらは皆が等しくギリシア人同胞である。血でつながり、同じ言葉を使い、神々を祀る場所も祭式も、さらには生活様式も共通である。そんなアテナイ人が同胞を敵に売るようなことが許されるはずがない」と安心させた。その上で、ペルシアの侵攻を防ぐため一刻も早く援軍をアテナイに派遣するよう要請した。

破格の講和を蹴ったこのアテナイの決断は、ギリシア人を救った、といえるほど大きなものだった。もし講和していたら、間違いなくギリシア全土はペルシアに征服されていた。にもかかわらず、スパルタのこのあとの対応は、アテナイを失望させるものだった。

マルドニオスは前４７９年春、講和に応じなかったアテナイ目指して進軍を始めた。これに対して、１年前にペルシアに蹂躙された本土アッティカに戻っていたアテナイの人々は、本土防衛のために、スパルタの援軍を今か今かと待っていた。だが、再三の要請にもかかわらず援軍は来なかった。この時スパルタはイストモスの防壁の整備を急いでいたのだ。やむなくアテナイの人々は再びサラミス島へ疎開した。

マルドニオスは、アテナイ人がいなくなったアッティカを難なく占領すると、その地を荒らすことなく、アテナイに対して、前とまったく同じ内容の講和を再び提案した。アッティカ占領によって、アテナイ人の気持ちも少しは変わり講和を受け入れるかもしれない、と思ったからだった。だが、こんな中でもアテナイは直ちに講和に応じず、スパルタに使節団を派遣して援軍を強く迫った。イストモス防壁をほぼ完成させたスパルタは、アテナイがペルシアと和睦することを恐れ、あわてて重装歩兵５千人を出陣させた。

アテナイの要請でスパルタが出陣したことを知ったマルドニオスは、アテナイとの講和をあきらめ、報復としてアッティカを徹底的に破壊した。街を焼き払い、城壁も家屋も神殿も地上に建っているものをすべて打ち壊した。そうした後で、ペルシア全軍を北方のボイオティア地方に後退させた。ボイオティア地方はほぼすべてのポリスがペルシアに味方しており、ペルシアが得意とする騎兵戦に適した大平原もあった。この有利な地でギリシア連合軍と決戦しよう、と目論んだのだった。

プラタイアイの戦い

前４７９年秋、マルドニオス率いるペルシア軍と、スパルタの摂政パウサニアスを総司令官とするギリシア連合軍は、ボイオティア地方のプラタイアイで対峙した。

ペルシアの大軍30万人に対する、ギリシア連合軍は、主力となる重装歩兵が約４万人、補助兵力となる軽装歩兵が約７万人の計11万人に上った。後にペルシアを亡ぼしたアレクサンドロス大王でさえ編成できなかったほどの大軍団だったが、史上最大規模の兵力であったが故に、将兵の飲料水や食糧の確保に苦しむことになった。

ギリシア連合軍はある夜、飲食料を確保しやすい場所へ陣を移すため、密かに後退した。中翼の部隊は移動し終えたが、右翼のスパルタ部隊（重装歩兵１万人）で後退を拒否する将校が現れ、そのせいでスパルタ部隊と左翼のアテナイ部隊（同８千人）などが取り残されてしまった。ペルシア軍はそれを見逃さず、日の出とともにスパルタ部隊を襲撃した。

ペルシア軍は、歩兵が前面に盾を立てて防壁とし、その後ろから弓矢を雨のように降らした。また、騎兵隊も離れたところから弓矢や投げ槍を放った。この攻撃にスパルタ部隊は、重装歩兵ファランクス（密集隊形）で守り、前進を試みるしかなかった。このまま攻撃を続けていたらペルシアの勝利は確実だった。しかし、マルドニオスは、勝ったと思い込み、離れたところから弓矢で攻撃するのをやめ、一気に壊滅しようと突撃した。これが失敗だった。白兵戦に突入すると、ギリシアの重装歩兵に軽武装のペルシア兵はひとたまりもなかった。スパルタの重装歩兵はペルシア兵を倒し続け、ついにはマルドニオスも討ち取った。ここにアテナイ部隊も合流し、ペルシア軍を撃破した。ギリシア連合の大勝利だった。

このプラタイアイの戦いで、ギリシア本土からペルシア勢力は一掃された。

イオニアの解放

プラタイアイの戦いの前、ギリシア連合は１１０隻の艦隊をイオニアへ出陣させていた。攻撃目標は、今なおイオニアに陣取るペルシア艦隊だった。いつギリシア本土を襲ってくるか分からない脅威であったし、解放を望むイオニアのポリス市民からペルシア艦隊攻撃を求められたからだ。

これに対してペルシア艦隊は、ミュカレに駐屯する6万人の陸軍と合流して陸上で迎え撃つことを決めた。サラミスでの大敗に懲りて海戦を避けたのだ。

ギリシア連合軍は、艦隊を降りてミュカレに上陸し、ペルシア軍を攻撃した。はじめは苦戦したが、ペルシア軍に組み入れられていたイオニア人部隊が反旗を翻したこともあり、ペルシア兵は一目散に逃げ、ミュカレは陥落した。

ヘロドトスによると、プラタイアイとミュカレの２つの戦いはいずれも同じ年月日に決着した。

ミュカレで反旗を翻したイオニア諸ポリスにペルシアが報復するのは目に見えていた。ギリシア連合が防衛しないとイオニアの独立は維持できない。ギリシア連合はすぐに対応を協議した。ここでギリシア連合内の路線対立が表面化した。

スパルタなどペロポネソス諸ポリスは、ギリシア連合の防衛範囲をギリシア本土にとどめたかった。イオニアまではとても防衛できないと考え、安全な地にイオニア人を移住されることを提案した。これに対してアテナイは、ギリシア連合によるイオニア防衛に前向きだった。穀物を輸入に頼る通商国アテナイは、エーゲ海の安全を無視してギリシア本土に閉じこもることはできないのだ。したがって、移住を嫌がるイオニア人と同調して、スパルタの提案に猛烈に反対した。

結局、スパルタ側が譲歩した。移住案を引っ込めて、イオニア諸ポリスのうちサモス、キオス、レスボスなど島嶼部のポリスをギリシア連合に加え、防衛対象とした。初めてのギリシア連合の拡大だった。これで話がまとまると、スパルタ陣営の艦隊は本国へ引き上げていった。

残ったアテナイとイオニア諸ポリスの艦隊は、ペルシアの支配下にあるケルソネソスの中心都市セストスを攻撃した。イオニア近辺のペルシア勢力を駆逐して、脅威を取り除くのが狙いだった。アテナイなどの部隊は前４７９年冬、セストスを包囲し、苦労の末に陥落させた。

セストス陥落をもって、ヘロドトスは著書「歴史」の筆を置いた。ペルシア戦争の戦闘はこれ以降も続くが、大規模な決戦はもう行われなかった。イオニアの解放を確かなものにしたセストス陥落でペルシア戦争は事実上終結した、とヘロドトスは見たのだった。

一方、ペルシア戦争の後、アテナイでは、三段櫂船の漕ぎ手として活躍した最下層の労働者級市民の発言力が高まり、民主政がさらに進展した。艦隊を主戦力とする限り、もはや、漕ぎ手である彼らを無視して戦争も防衛もできない。彼らの声が政治に反映されるのは当然のことだった。

第4章　市民支配の確立　――アテナイの帝国化

1　デロス同盟の結成

城壁で守って海で戦う

プラタイアイの戦いでペルシア軍がギリシア本土から撤退すると、サラミス島へ疎開していたアテナイ人は本土アッティカへ帰還し、街の防御を固めるため、中心市街を取り囲む城壁の再建を始めた。ところが、意外なことに、スパルタがこれに「待った」をかけてきた。「再建した城塞をペルシアに奪われたら出撃基地として利用されてしまう」という理由だったが、本当は、ペルシア戦争で大活躍したアテナイが、守りを固くして、より強国化するのを恐れたのだ。

これに対して、アテナイの指導者テミストクレスは、彼自ら単身でスパルタへ赴き「城壁の再建工事はしていない」「アテナイに視察団を派遣して実際に確認してほしい」などと巧妙に時間稼ぎをし、その間に、市民総出で工事を急がせ、城壁を再建させてしまった。スパルタは、騙し討ちするかのようなテミストクレスのやり方に腹を立てたが、城壁再建という既成事実を追認するほかなかった。

続いてテミストクレスは、アテナイの将来を先読みして、さらなる城壁の建設を民会に提案し、承認させた。その第1は、アテナイ艦隊の母港となるピレウス港を囲う「ピレウス城壁」。第2は、海岸から数キロメートル内陸に位置するアテナイ中心市街とピレウス港とを結ぶ「北長城壁」。第3は、中心市街と既存の外港ファレロンとを結ぶ「ファレロン長城壁」だ。

テミストクレスは、「街を城壁で守って海で戦う」という国防体制を目指し、中心市街と港湾を一体として城塞化しようとしたのだ。この時代の攻城戦術は稚拙だったから、堅牢な城壁と十分な兵糧を持つ城市は落城させることが非常に難しかった。したがって、これら3つすべての城壁が完成すれば、海外の穀倉地域から輸入した食糧を港から中心市街に安全に運べるようになり、守りは万全。憂いなく、ギリシア最強のアテナイ艦隊を縦横無尽に駆使して攻撃できることになる。こんなアテナイには誰も刃向かえないはずだ、とテミストクレスは考えたのだ。

ギリシア連合の分解

一方その頃、ギリシア連合は、エーゲ海に残存するペルシア軍を粉砕するために戦っていた。スパルタの摂政パウサニアスを総司令官とするギリシア連合艦隊を編成し、キプロス島を攻略したのに続いて、ビザンティオン（現イスタンブール）を占領した。

順風満帆に見えたが、この間、ギリシア連合艦隊内では不協和音が生じていた。総司令官パウサニアスが、連合艦隊を構成する諸ポリス部隊に対して横暴に振る舞っていたのだ。古代ローマの歴史作家プルタルコスによると、パウサニアスは、諸ポリスの指揮官に対して怒鳴って威張り散らした。諸ポリスの兵士には鞭打ちで罰し、時には、鉄の錨を肩に担がせて一日中立たせた。パウサニアス自身は、ペルシアの服装で外出したり、ペルシア兵の槍持ちを従えて行進したり、ペルシア風の豪勢な宴会を開いたりした。

ギリシア連合艦隊内では「ペルシアかぶれが尋常ではない」「ギリシアを捨ててしまった」「ペルシアと通じているのではないか」と噂され、パウサニアスへの批判が高まった。とりわけ、ペルシアの専制から解放されたばかりのイオニア諸ポリスは我慢ができなくなっていた。イオニア諸ポリスは、清廉で「正義の人」と呼ばれるアテナイ部隊の指揮官アリステイデスに、パウサニアスに代わってギリシア連合艦隊を統率するように要請した。

ギリシア連合艦隊のうち、スパルタを盟主とするペロポネソス同盟(ギリシア連合結成前からあったペロポネソス半島諸ポリスの軍事同盟）以外のポリスは、ほとんどがアリステイデスに従う意向を示した。これを受けてアリステイデスは、スパルタ本国に使者を送り、ギリシア連合艦隊に混乱を招いているパウサニアスを召還するよう訴えた。

パウサニアスに対する悪評を知ったスパルタ本国は、彼を呼び戻し、総司令官から解任した。代わりに後任を派遣したが、ギリシア連合艦隊の諸ポリスが総司令官として認めなかったため、帰国させた。

以降、スパルタは総司令官の派遣をやめた。これを機会にペルシアとの戦いから手を引きたかったのだ。スパルタの関心はギリシア本土――本音はペロポネソス半島のみ――の防衛であって、それとは関係の薄い遠隔地での戦いから解放されるならば、むしろ渡りに舟だった。

こうして、スパルタとペロポネソス同盟諸ポリスの部隊は、ギリシア連合艦隊から離脱した。代わって、ギリシア連合艦隊を指揮したのは、アテナイのアリステイデスだった。アリステイデスは、スパルタも容認する形で円滑に、対ペルシア軍事行動の統帥権をスパルタからアテナイへ移動させたのだ。

スパルタとペロポネソス同盟諸ポリスは大半が陸軍国であり軍船を多く持っていなかったから、彼らが離脱しても、エーゲ海が主戦場となるこれからのペルシアとの戦いに、影響はさほど大きくなかった。ギリシア連合自体は解散することなく引き続き維持されたけれども、スパルタ陣営の離脱によって事実上、ギリシア連合は分解した。

デロス島の盟約

前４７８年、イオニアなど諸ポリスの代表は、アテナイのアリステイデスの呼びかけに応じ、エーゲ海の聖地デロス島に集まって会議を開き、盟約を結んだ。ギリシア連合に代わる新たな対ペルシア軍事同盟を結成したのだ。加盟したのはエーゲ海域を中心とする諸ポリスであり、その数、当初は１５０余、最盛期には２００を超えたといわれている。

アテナイを盟主としたから、当時の人々はこの同盟を「アテナイ人とその盟友」と呼んだ。現代では、デロス島に本部を置いたことから「デロス同盟」と呼ばれている。

同盟が掲げた目的は、ペルシアへの報復だった。ペルシア戦争で被った損害を取り返すべく、ペルシアの支配地に侵攻して戦利を得ようというのだ。だが、それは旗印であって、本当の狙いは、ペルシアの脅威からポリスの独立を守ることにあった。そのため、同盟の最重要任務は、常設の艦隊を結成してエーゲ海の制海権を握ることだった。

したがって、加盟ポリスは軍船と兵士を提供する義務を負った。ただし、それが無理ならば、軍船と兵士に代えて、軍資金を提供する方法も認めた。その場合は、一定の同盟年賦金（フォロス）を、デロス島に置かれた同盟金庫に拠出するように定めた。加盟ポリスは弱小ポリスが多く、軍船や兵士を提供する余裕がなかったから、ほとんどのポリスは、同盟年賦金（フォロス）を拠出する方を選んだ。軍船と兵士を提供したのは、盟主アテナイのほか、キオス、レスボス、サモスという大きな島国ぐらいだった。

同盟の意志決定機関は、デロス島で開かれる同盟会議だった。同盟会議は、加盟ポリスの代表者で構成され、平等な発言権と投票権（一ポリス一票）を持った。各ポリスの独立と自治権は守られ、互いに侵害しないのが条件だった。

とはいえ、デロス同盟における盟主アテナイの地位は特別だった。アテナイは、デロス同盟の軍事統帥権を握り、財政権も掌握した。加盟ポリスに対して、提供すべき軍船あるいは同盟年賦金（フォロス）の割り当てを決めるのもアテナイだったし、同盟年賦金（フォロス）を集金して管理する同盟財務官10人のポストもアテナイが独占した。意志決定機関である同盟会議も事実上アテナイが牛耳ることができた。弱小ポリスの票をアテナイが集めることは容易だったからだ。はじめからデロス同盟におけるアテナイの力は突出しており、同盟の政策を思いのまま執行することも可能だった。

――ちなみに、同盟財務官は正式名ヘレノタミアイ（ギリシア財務官）で、ギリシア全体の公職のように呼称した。デロス同盟を全ギリシアの代表組織と喧伝しようとした意図がうかがえる――アテナイの突出を加盟ポリスが許容したのは、ギリシア最強の大艦隊を保有していたことに加え、これまでの功績を高く評価していたからだった。国土を放棄してまでしてペルシアと戦い続け、劣勢のギリシアに勝利をもたらしたアテナイの武勇は、各ポリスの信望を得るのに十分だった。

それにふさわしく、デロス同盟結成当初、アテナイは盟主の名に恥じない働きをした。一例を挙げれば、各ポリスに対する同盟年賦金（フォロス）の割当額を、アテナイは公正に査定した。加盟ポリスすべてが納得するように割当額を決めるのは至難の業だが、プルタルコスによると、割当額を決めたアリステイデスは、私腹を肥やさず、その査定はきれいで正しかったばかりか思いやりにあふれていたため、すべての加盟ポリスが「ギリシアの幸運」と言って満足した。

こうしてデロス同盟は順調にスタートした。

常勝将軍キモンの登場

デロス同盟結成の最大の功労者はアリステイデスだった。ところが、デロス同盟結成後、彼以上に、アテナイの存在感を高め、アテナイ市民を熱狂させる新たなスターが登場する。その名をキモンといった。マラトン戦の勝利の立て役者ミルティアデスの息子だ。

パロス遠征に失敗してミルティアデスが獄死した前４８９年、キモンは20歳そこそこの青年だったが、前４７０年代に入ると理想的な指導者に成長した。その資質をプルタルコスは、勇敢さにおいてミルティアデスに劣らず、知略においてテミストクレスに引けを取らず、軍事や政治の手腕も両者と遜色ない、などと絶賛した。

キモンの外交政策は、スパルタと友好関係を維持してペルシアを叩く「親スパルタ・反ペルシア」だった。彼自身が大のスパルタ贔屓であり、長男にラケダイモニオス――ラケダイモンはスパルタの正式国名――という名前をつけたほどだった。内政面では、貴族政治を理想とする「寡頭派」の頭目だったから、民主化には消極的だった。

キモンが政治の表舞台に立ったのは前478年。この年に初めてストラテゴス（将軍）に選出され、アテナイ艦隊に乗り込んで、ギリシア連合艦隊のキプロス遠征、ビザンティオン攻略に参加した。そこで彼は、アリステイデスを補佐して、ギリシア連合艦隊の指揮権をスパルタから奪取し、デロス同盟を結成することに尽力した。

翌前477年にキモンは、デロス同盟軍を指揮し、ペルシア軍が立て籠もるトラキア地方エイオンの攻略を開始。約1年で陥落させ、肥沃な土地を奪って、アテナイ市民を――おそらく他の同盟諸ポリス市民も――入植させた。アテナイ市民は、大戦果を挙げたキモンを称えるためアゴラ（広場）に3体のヘルメス神柱像（いわば戦勝記念碑）を建立した。ペルシアから祖国を守ったミルティアデスもテミストクレスも、ヘルメス神柱像建立という栄誉は受けていない。それほどまでに市民はキモンの戦功に熱狂したのだ。

続いて前476年、キモンは、エーゲ海のほぼ中央に位置するスキュロス島を武力制圧。住民を奴隷にして、この島をアテナイのクレルキア――母国の市民のままクレロス（分割地）を得る植民地――にした。

前述したように、古代ギリシアの海外植民は通常、母国と切り離されて入植先で新たに建国するアポイキア（植民市）という形をとった。これと異なり、クレルキア（植民地）は、母国の軍事力や経済力を享受したまま、新しい農地を得ることができたため、入植するアテナイ市民は非常に喜んだ。本国アテナイとしてもメリットは大きかった。戦士となる市民を手放すことなく、海外にアテナイの駐屯地をつくるようなものだったからだ。この頃からキモンは、侵略地にアテナイのクレルキア（植民地）を積極的に建設し、海外支配を拡大していった。アテナイの帝国主義的な海外拡張政策がここから始まったのだ。

キモンは、前４７５年にもケルソネソスとビザンティオンを制圧するなど、連戦連勝の常勝将軍となっていた。アテナイ市民はキモンの虜になった。これほどまでに、農地となる植民地や金品を祖国にもたらした指導者は今までいなかった。救国の英雄ミルティアデス、テミストクレスといえども、市民に経済的な実利をもたらす点では、キモンにまったく及ばなかった。仇敵ペルシアを攻め、そこから戦利を奪い取るキモンの武勲は、市民が溜飲を下げるのに十分だった。

テミストクレスの最期

キモンの人気が沸騰する中、テミストクレスの存在感は低下する一方だった。策謀を得意とするテミストクレスと異なり、キモンのやり方は明快だった。武力でペルシアを屈伏させ、市民に植民地や戦利品をもたらした。ペルシアとの戦いを遂行する主役は、いまやキモンになっていた。

テミストクレスは、反ペルシアの急先鋒だったにもかかわらず、なぜか史料において、デロス同盟の結成やその後のペルシア追討戦に登場しない。これまでみたように、伝えられるのはアリステイデスやキモンの活躍ばかりだ。この理由について多くの歴史学者は、テミストクレスが反ペルシアから反スパルタへ転身したため、と推測している。

かつてスパルタは、ペルシアがアッティカへ侵攻してもアテナイになかなか援軍を送ろうとしなかったし、ペルシア撤退後もアテナイの城壁再建を阻止しようとした。このような対応を見てテミストクレスは予見したのだろう。アテナイの発展を妨害するのはスパルタであり、アテナイの対抗勢力はペルシアではなくスパルタだ、と。

反スパルタに転身したがゆえにテミストクレスは、キモンによる親スパルタ・反ペルシアの路線でアテナイが突き進む中、活躍の場を失っていった。それればかりか、市民が支持しているにもかかわらず、キモンの反ペルシア活動に協調しないテミストクレスの姿勢は、政敵に「テミストクレスは僭主（独裁者）になろうとしている」という口実を与えた。

前471年、テミストクレスは陶片追放に処せられた。彼は「アテナイ人は私を尊敬もせず、道端のプラタナスの木のように扱う。風雨が強くなると枝下に避難するが、天気が良くなれば枝を折りむしる」と皮肉り、アルゴスに退去した。

その頃、スパルタでは、パウサニアスがペルシアと内通していた容疑が浮上した。パウサニアスはペルシアから援助を受けてギリシアの王になろうとした、というのだ。パウサニアスは神殿に逃げ込み、そこに閉じ込められ餓死した。捜査の過程で、スパルタは、パウサニアスの書簡からテミストクレスの共謀をうかがわせる書類を見つけ、アテナイに彼の処分を求めた。

前４６８年、アテナイの法廷は、危険を感じて召喚に応じない被告テミストクレス欠席のまま、売国の罪で彼に死刑判決を下した。判決内容を知ったテミストクレスは、アテナイの追っ手から逃れるためアルゴスを離れ、逃避行を始めた。各地を転々としたあと、たどり着いたのは…

前４６５年頃、テミストクレスは敵国ペルシアに落ち延びた。ペルシアでは、サラミスの海戦で戦ったクセルクセスが死去し、息子のアルタクセルクセス1世が即位していた。新王アルタクセルクセス1世はテミストクレスの亡命を許し、小アジアのマグネシアなどの所領を下賜して厚遇した。テミストクレスはペルシアの言語や風習をよく学び、ペルシア王の期待に応えようと努めた。

しかし、前４６２年、テミストクレスは亡命先のペルシアで、およそ65年という波瀾万丈な生涯を閉じた。病死という見方が有力だが、ペルシア王にギリシア侵攻を命じられてそれを苦にして自殺した、という説も根強く語られている。

それにしても、テミストクレスとはいったい何者だったのか。「不世出の策略家でありギリシアを救った希代の英雄」「先読みの才を生かしてアテナイを海洋強国に仕立てた豪腕政治家」と賛美される一方、「綱渡りの策略で人を騙す山師」「自意識過剰で見栄っ張りの野心家」とも酷評される。だが、テミストクレスなくしてその後のアテナイの繁栄はあり得なかった。それは疑いようがない。超大国ペルシアに勝利できたのも、アテナイがデロス同盟の盟主になれたのも、すべてはテミストクレスの指導力と彼が整備したギリシア最強のアテナイ艦隊のおかげだった。清濁併せ呑み、抜群の実行力を発揮する彼のような人物がこの時期に現れたのは、アテナイにとっては、この上ない僥倖であったといえるのかもしれない。

2　エフィアルテスの改革

エウリュメドン会戦

キモンは、ペルシア軍を圧倒し続けていた。だが、皮肉なことに、キモンの活躍によってペルシア軍の脅威が薄れれば薄れるほど、対ペルシア防衛組織であるデロス同盟に加盟するメリットは低下していった。

それを反映して、前４７０年、有力ポリスのナクソスが同盟からの離脱を宣言した。本来離脱は自由のはずだが、アテナイは、この離脱を許さず同盟への反旗とみなした。キモンは直ちに、デロス同盟軍を率いて反乱鎮圧に向かった。激しい攻撃にナクソスはよくもちこたえたが、抗しきれず前４６７年になって降伏した。

その同じ前４６７年には、デロス同盟のあり方を変えてしまう大会戦が発生した。キモン率いるデロス同盟艦隊３百隻が、小アジア南部パンピュリア地方（現トルコのアンタルヤ市周辺地域）のエウリュメドン川（現ケプリュ川）河口付近で、ペルシア艦隊６百隻を発見して襲いかかったのだ。

ここでもキモンの軍事手腕は冴え、２百隻を超えるペルシア軍船を撃破・捕獲した。敗走したペルシア艦隊がついには軍船を捨てて陸上に陣を張ると、キモンは上陸攻撃を命じ、この陸戦でも大勝利をあげた。そこへペルシアの援軍のフェニキア艦隊80隻が姿を現したため、再び海上で激突。

キモンは、ほとんどのフェニキア軍船を撃破・捕獲してしまった。常勝将軍キモンといえども神懸かり的な圧勝だった。

この圧勝によって、エーゲ海域からペルシア軍は一掃された。ペルシアの脅威がなくなったことによって、デロス同盟は次第に、本来の対ペルシア防衛組織から、アテナイの海外拡張政策を支える組織へと変質していく。アテナイは謙虚さを失い、加盟ポリスを属国のように扱い始めるのだ。

この頃、加盟ポリスを公正に遇したデロス同盟結成の立て役者アリステイデスが、50歳代で世を去った。奇しくも、アテナイの傲慢な態度は、彼の他界以降に加速していった。

タソスの反乱

前465年、デロス同盟に軍船と兵士を提供する数少ない中核ポリスの島国タソスが、同盟離脱を宣言した。タソスは、本国タソス島対岸の大陸トラキア地方に通商拠点と金山を持ち、そこから莫大な利益を得ていた。その権益をめぐってアテナイと対立したため、アテナイが牛耳るデロス同盟から離れようとしたのだ。

アテナイは直ちにキモンを総司令官とするデロス同盟軍を討伐に派遣し、タソスを籠城に追い込んだ。

窮地に陥ったタソスは、スパルタへ密使を送り、アテナイ本土（アッティカ地方）を襲撃するように要請した。スパルタは、国力を強めるアテナイを叩くいい機会と考え、要請を受諾した。

もしこの密約が実行されたら、アテナイは本土をスパルタに急襲され、タソス鎮圧どころではなくなる。それどころか不満を持つ同盟加盟ポリスの離脱が続出してデロス同盟の崩壊さえ招きかねない。アテナイの凋落は確実だ。だが、このときアテナイを救う想定外の事態が起こった。

前464年、スパルタで大地震が発生したのだ。スパルタ領内のあちこちで山崩れや地滑りが発生し、家屋は5棟を残してことごとく倒壊してしまった。スパルタ国内は壊滅状態となり、この混乱に乗じて、日頃の圧政に苦しむヘイロタイ（国有奴隷）が反乱を起こした。もはやスパルタは、タソス支援のためにアテナイ本土を急襲することはできなくなった。

前463年、スパルタからの支援が絶望となり、とうとうタソスはキモンに降った。敗れたタソスは厳罰に処せられた。高額な制裁金を支払った上、デロス同盟への強制復帰、城壁の撤去、軍船の譲渡、大陸トラキア地方の領土と金山の放棄が科せられ、金山などの権益はアテナイに奪われた。

キモンの弾劾裁判

タソス鎮圧で莫大な利益をアテナイにもたらしたキモンは意気揚々と帰国した。ところが、彼を待っていたのは、凱旋ではなく弾劾裁判だった。告発したのは、寡頭派領袖キモンと対立する民主派の政治家たちであり、告発者の中には30歳を超えたばかりの若きペリクレスも名を連ねていた。

告発理由は「タソス鎮圧後、マケドニアへの侵攻が容易だったのに、マケドニア王から賄賂を受け取って侵攻しなかった」というものであり、告発者は法廷でキモンに死刑を求刑した。これに対し、市民が下した判決は、無罪だった。キモンの失脚を狙った、あまりにも強引な告発だ、と誰もが思ったのだ。

とはいえ、告発した民主派にも、告発を正当化する彼らなりの理屈があった。それは、買収によって国政を歪める危険性であり、そうした贈収賄の悪習を断ち切る必要性だった。

アテナイではペルシア戦争以降、収賄による売国の恐怖が高まっていた。買収されて国を売る者が出たら戦いに敗れ国は滅びてしまうが、贈答の伝統の強い古代ギリシア社会では、賄賂は贈答品の一種ととらえられ、贈収賄に対する罪の意識が極めて薄かった。したがって、この時期、敵国ペルシアの贈賄工作に怯え続けていた。実際、アテナイでは、ある五百人評議会議員がペルシアからの収賄を疑われ市民に殺されたことがあった。また、スパルタの摂政パウサニアスは、ペルシア王から資金や兵力の援助を受けて――言い換えれば買収されて――ギリシア全土の支配者になろうとした。だから民主派は、キモンが外国に買収されていたとしたら大問題だ、と考えたのだ。

しかもキモンは、買収に無頓着で、国内でも贈収賄を助長しかねないことをしていた。キモンは、戦勝によって蓄えた莫大な私財を、市民のために盛大に投じた。城壁や道路など公共施設の建設だけでなく、自宅や農園を開放して市民に食事や果実を与えたし、衣服や金銭も気前よく施した。この行為を、民主派は「キモンは私財で市民を買収している」と批判していた。キモンにとっては単に名士としてのボランティア活動にすぎなかったかもしれないが、民主派からみれば、私財を使って市民に恩恵を施す行為は、市民への贈賄に等しかった。

それは、「対等・協力」であるべき市民相互の関係を、「上下・主従」「親分と子分」の関係に固定化しかねなかった。個々の市民が主体性を失い、親分に追従する子分になってしまったら、親分（貴族）が政治を牛耳ってしまい、民主政は成り立たない。民主派にとっては、公的な政治に私的な人間関係が入り込むことは強く警戒しなければならなかったのだ。

「貴族の牙城」破壊

一方、大地震に見舞われたスパルタは、ヘイロタイの反乱を一向に平定できず、とうとう他のポリスに援軍を求めた。これに即応したのがキモンだった。彼は、民主派の反対を押し切り、アテナイ市民4千人からなる重装歩兵を率いてスパルタ救援に向かった。

このキモンの留守を好機とみた民主派領袖エフィアルテスは、ペリクレスら同志とともに決起した。前462年、「エフィアルテスの改革」と呼ばれる政変がここに起こった。

彼らが標的にしたのは、アテナイの元老院「アレオパゴス会議」だった。アレオパゴス会議は、アルコン（執政官）経験者で構成される実力者組織であり、クレイステネスの改革以降も多くの権限を保持し、民主政の進展を阻む「貴族の牙城」となっていた。

改革の詳細はよく分かっていないが、エフィアルテスは、アレオパゴス会議議員の多くを告発し、裁判にかけた。罪状は、アルコン在職時の職務執行の不正だ。その結果、罪を問われたアレオパゴス会議議員は影響力を失った。さらに、エフィアルテスは、アレオパゴス会議が持っていた権限をあらかた剥奪し、民会、五百人評議会、市民裁判所に委譲させる、という改革法案を民会に提出して成立させた。

スパルタ出征中の重装歩兵4千人はキモン支持者が多かったから、全アテナイ市民の1割超を占める彼らがいない間に、エフィアルテスは、アテナイに残る民主派支持の下層市民（軍船の漕ぎ手）

を大動員して、議決に必要な票を集め、法案を通してしまったのだ。

アレオパゴス会議から剥奪したのは、主に、①法が守られているか監視する権限、②公職者を監督・処罰する権限、③ポリスの存立に関わる国事犯を裁く弾劾裁判の権限――の３つだった。剥奪せずに残されたのは、殺人や宗教犯罪を裁く権限にとどまった。

この結果、剥奪した権限を委譲された民会、五百人評議会、市民裁判所の地位は大きく向上した。民会は名実ともに国権の最高機関となった。アレオパゴス会議からの圧力や干渉がなくなり、まぎれもなく国政の全権を握った。議場は、アゴラ（広場）からより広いプニュクスの丘へ移された。これに伴い、民会の議案を先議する五百人評議会の役割も大幅にアップした。

特に、アテナイ民主政を象徴する組織へと大きく変貌したのが、市民が裁判員となる市民裁判所だった。これまで市民裁判所は、アレオパゴス会議が実質的に裁判権を掌握する中、貴族による一審判決に不服がある場合に上訴する「不服救済裁判所」にすぎず、その実態も裁判目的で招集された民会だった。しかし、エフィアルテスの改革によって、市民裁判所は、一審から訴訟を審理する本来の裁判所となり、市民が提起した訴訟のほぼ全てを審判した。のみならず、公職者の資格や執務を審査し、不正を罰する権限も新たに持った。市民は、民会だけでなく、市民裁判所を通しても国政に影響力を発揮できるようになったのだ。

さらに、市民裁判所は、民会から機構分離し、複数の法廷で構成される独立の司法機関となった。その裁判員は任期１年で、毎年６千人の裁判員を30歳以上の市民からクジ引きで選出した。アテナイ市民の総数は３万～４万人と推定されるので、実に毎年２割近い市民が裁判員となる巨大組織が誕生したことになる。

スパルタ敵視政策への転換

スパルタ遠征のすきを突かれてエフィアルテスに改革を許したキモンは、遠征先で、救援していたスパルタから思いもよらない仕打ちを受ける。スパルタはある日突然、各ポリスの援軍のうちキモン率いるアテナイ軍だけに、もう必要ない、と言って追い返してしまったのだ。なぜか。スパルタは、常勝将軍キモンによっても反乱鎮圧の兆しが一向に見えないため、キモンがわざと手を抜いているのではないか、アテナイの本当の狙いは反乱への加担ではないか、と疑うようになったのだ。かつてタソスと結んだアテナイ侵攻の密約が露見することも不安を駆り立てた。

このスパルタの仕打ちに、アテナイ市民は許しがたい侮辱行為だと激高し、世論は反スパルタ一色となった。

前462年、アテナイはとうとう、ギリシア連合結成時（前481年）の盟約を破棄し、スパルタとの同盟関係を断ち切った。その一方で、スパルタの仇敵であるアルゴスや、テッサリア地方の諸ポリスと同盟を結び、スパルタ包囲網を築いた。アテナイは、キモンが主導した親スパルタ政策をきっぱり捨てて、スパルタ敵視政策へ舵を切ったのだ。

続いて翌前461年、アテナイは、帰国したキモンを陶片追放に処した。スパルタ救援を強引に進めたキモンの信用は完全に失墜したのだ。これでエフィアルテスの天下と思われたが、彼も同年、改革を憎む政敵によって暗殺されてしまった。その結果、ペリクレスが民主派の指導者に躍り出た。

アテナイの戦線拡大

このあとアテナイは、海外拡張を目指して、とめどなく戦線を拡大していく。

前４６０年、ペルシア支配下のエジプトが反乱を起こして援軍を求めてきたため、これに応えてアテナイはデロス同盟艦隊２百隻をエジプトへ派遣した。デロス同盟艦隊はナイル川を遡航し、周辺地域を次々と制圧し、ペルシアのエジプト州都メンフィスにまで達した。しかし、ここでペルシア軍が激しく抵抗し、戦争は膠着状態に入った。

対ペルシア戦線を遠くエジプトにまで伸ばしたにもかかわらず、アテナイは、スパルタ陣営との戦いも始めた。前４５８年、アテナイは、ペロポネソス半島東部の海港ハリエイスに上陸し、ペロポネソス同盟のコリントスと激突した。これには敗北したが、その後、アイギナ島西方海域でペロポネソス同盟艦隊に海戦を挑み、勝利した。勢いに乗ったアテナイは続いてアイギナを攻めた。

同じく前４５８年、アテナイは、コリントス湾の入り口近くの要地ナウパクトスを制圧し、スパルタで反乱を起こしたヘイロタイのために、その地を移住地として提供した。ヘイロタイは、反乱の収束を急ぐスパルタから「ペロポネソス半島から出て行くならば追跡しない」と提案されたため、喜んで退出することを決めていた。アテナイとしては、ナウパクトスをヘイロタイに与えて反スパルタの拠点にしようという戦略だった。

翌前４５７年には、スパルタ率いるペロポネソス同盟軍とアテナイ軍がボイオティア地方のタナグラで激突した。アテナイの一部貴族がペロポネソス同盟軍を国内に招き入れて民主派政権に打撃を与えようとしたため、タナグラで両軍が武力衝突する事態となったのだ。戦いの最中、陶片追放で国外にいたキモンは、アテナイの軍営に駆けつけ参戦を申し出た。しかし、アテナイの五百人評議会は裏切りを恐れ認めなかった。キモンは無念の思いを募らせ、同じくスパルタ贔屓と非難されていた友人の将兵に「全力でスパルタと戦い中傷を払いのけてほしい」と訴え、戦場から去って行った。友人の将兵は汚名をそそごうと勇ましく戦い、ほとんどが討ち死にした。戦いは、アテナイの同盟国であるテッサリアの騎兵隊が裏切ったこともあり、アテナイが敗退した。

タナグラで敗北してもアテナイは意気消沈しなかった。敗北のわずか2カ月後には早くも、中部ギリシアへ侵攻し、ボイオティア地方とフォキス地方を制圧した。両地方においてアテナイは、民主政を嫌う貴族ら反アテナイ勢力を追い出し、民主派の親アテナイ勢力に実権を握らせ、同盟国に加えた。

さらに、同じ前４５７年にはアイギナを降すことに成功した。アイギナはかつてアテナイを圧倒した強国だった。かつてテミストクレスが軍船2百隻の建造を市民に提案した際、アイギナへの対抗を口実にしたほどだった。とうとうアテナイは、そのアイギナを支配下に置いてしまったのだ。

同じ頃アテナイは、ピレウス港を囲う「ピレウス城壁」に続いて、中心市街と港湾を結ぶ「北長城壁」「ファレロン長城壁」を完成させ、「城壁で守って海で戦う」という国防体制をついに整えた。それを誇示するかのように、アテナイ艦隊はペロポネソス半島を悠々と周航し、スパルタ陣営の領土を荒らし回った。

このようにアテナイは、スパルタ陣営との戦いを優位に展開していた。しかし、エジプトでの戦況は芳しくなかった。ペルシア王アルタクセルクセス１世が反乱鎮圧の大軍をエジプトへ派遣すると、デロス同盟軍は抗しきれず、メンフィスから追い出されて後退し続けた。ついには、ナイル川の小島プロソピティスに閉じ込められ、前４５４年にペルシア軍の猛攻撃を受けて壊滅した。６年余におよぶエジプト遠征は大失敗に終わった。

デロス同盟の私物化

前４５４年、アテナイは、デロス島に置いていたデロス同盟金庫をアテナイのアクロポリスに移した。エジプトでの大敗によってペルシア艦隊がエーゲ海に出没するようになったから、デロス島では襲撃される恐れがある、というもっともらしい理由からだった。この結果、手元に金庫を移したアテナイは、同盟資金をより自由に出し入れできるようになった。

それだけにとどまらず、アテナイは、加盟ポリスが拠出する同盟年賦金（フォロス）のうち60分の1を、女神アテナへの初穂（アパルケ＝神への奉納金）としてアテナイの国庫に納める制度も創設した。加盟ポリスの拠出金をアテナイへの納税であるかのようにしてしまったのだ。

以降アテナイは、莫大なデロス同盟の資金をアテナイ財政に公然と流用するようになっていく。アテナイによるデロス同盟の「私物化」に拍車がかかるのである。

こんな中、陶片追放されていたキモンがアテナイに帰ってきた。帰国の時期は不明だが、タナグラ戦に駆けつけた愛国的な行動に心を動かされてアテナイ民会が追放を解除したとも、エジプト大敗後にキモンの軍事手腕を期待して呼び寄せたとも、10年間の国外追放期間を終えて帰国したとも、諸説語られている。いずれにしろ、帰国後もキモンはアテナイのために活躍し続けた。

アテナイはもう対ペルシアと対スパルタの両戦線で戦い続けることが重荷になっていた。だから、帰国した親スパルタのキモンにスパルタとの関係修復を託した。その結果、前451年、アテナイはスパルタと5年間の休戦条約を結んだ。これで、対ペルシア戦に注力できるようになった。

前449年、キモンは、デロス同盟艦隊2百隻を指揮して、ペルシアが支配するキプロス島へ出陣した。キモンの軍事手腕は健在で、島内の城市を次々と陥落させるなど、華々しい戦果を上げた。が、その途上で病気にかかってしまった。60歳すぎの高齢からか病状は悪化するばかりだった。

同年、エーゲ海からペルシア勢力を一掃した常勝将軍キモンは、戦地で病死した。

キモンは死後も影響力を発揮してアテナイに貢献した。ペルシア王が、キモン率いるデロス同盟軍にキプロスで敗北したことに不安を抱き、和平を働きかけてきたのだ。アテナイの全権大使カリアスがペルシアに赴き協議した結果、前449年、アテナイとペルシアは平和条約を締結した。「カリアスの和約」と呼ばれるこの平和条約によってペルシア戦争は正式に終結した。

――この平和条約については、同時代のトゥキュディデスの著書に記載がないことなどから、後代の捏造という見方も根強い。だが、この時期に戦争状態が終結したのは間違いない――

平和条約では、▽ペルシアは宗主権を放棄して小アジアのギリシア人ポリスの独立を認める、▽エーゲ海にペルシア艦隊が侵入することを禁止する――などを定めた。要するに、ペルシアはギリシア征服の野望を捨て、エーゲ海地域がギリシア人の支配地だと認めたのだ。

平和条約の締結によって、対ペルシア防衛というデロス同盟の存在理由は消失した。けれども、アテナイは同盟を存続させた。加盟ポリスに同盟年賦金（フォロス）を納入させ続け、これまでと同様に、離脱しようものなら容赦なく武力で制圧した。アテナイに対抗できるような軍事力を持つ加盟ポリスはなかったから、アテナイのやりたい放題だった。

アテナイは、加盟ポリスのことなど一切考えず、エーゲ海の軍事・貿易の要衝地を自らのクレルキア（植民地）として奪い取っていった。それを促したのが、アテナイ最大の民主化勢力である下層市民（軍船の漕ぎ手）だった。彼らは、貧しさから抜け出すため、農地ほしさに積極的に海外侵略を欲したのだ。

のちにアテナイは、加盟ポリスに露骨な内政干渉を行う。加盟ポリスにアテナイの通貨や度量衡を用いるよう強制した。加盟ポリスの一部裁判権も奪い、ポリス間の紛争、同盟年賦金の滞納など重要案件はアテナイの裁判所で裁くようにした。監視役として、加盟ポリスにアテナイの公職者や軍隊を駐留させることもあった。大パンアテナイア祭のようなアテナイの祭典に参加して貢ぎ物を献上することも、加盟ポリスに強要した。

こうしてデロス同盟は、独立国同士の連帯組織では完全になくなり、まるでアテナイが支配する「帝国」へと変質してしまった。加盟ポリスからすると、アテナイの振る舞いはペルシアの専制に等しかった。

デロス同盟の正式名称は「アテナイ人とその盟友」だが、アテナイでは次第に「アテナイ人の統治下にある諸ポリス」と露骨に表現するようになった。

３　ペリクレス時代

「全ギリシアの盟主」への野心

キモンとエフィアルテスの死後、アテナイの舵を取ったのは民主派領袖のペリクレスだった。彼は、ペルシア、スパルタの両戦線を閉じると、平和政策を強力に展開した。その魂胆は、アテナイが全ギリシアの盟主となって覇権を握ることにあった。

第一弾としてペリクレスは前４４８年、すべてのギリシア人ポリスに、「全ギリシア会議」をアテナイで開くことを提案した。議題は、▽ペルシア戦争で破壊された神殿の再建（ギリシア諸ポリスはプラタイアイ戦後、ペルシアの暴虐を忘れないため、破壊された神殿を再建しないことを誓った。その誓いの変更）▽ペルシア勢力を一掃したエーゲ海域における海上航行の安全ルールづくり——などで、いわばペルシア戦争の戦後処理を協議する会議だった。アテナイとしては、ペルシアとの和平はアテナイの功績——血を流してペルシアと戦った成果——だから、会議の提案は当然のことだと思っていた。だが、アテナイ主導で戦後の新秩序を構築しようという意図は誰の目にも明らかだったので、スパルタと傘下のペロポネソス同盟ポリスは反発し、不参加を表明した。それが影響して結局、全ギリシア会議は実現しなかった。

明けて前４４７年、ペリクレスは、全ギリシア会議の議題だった「誓いの変更」を独自に行い、ペルシアに破壊されたパルテノン神殿の再建に着手した。さらに、アクロポリスの前門プロピュライア、６体の女性像の柱が特徴的なエレクテイオン神殿、アテナ・ニケ神殿なども建設し始めた。彼は、盟主にふさわしいアテナイの権威をギリシア中に示すため、最も優れた偉大な街にアテナイの風景を変えようとしたのだ。

――ペリクレスのこの思惑は、まんまと成功したと言わざるをえないだろう。今日私たちは、これら世界遺産となった建造物を実際に、あるいは写真や映像で見るたびに、古代アテナイの繁栄を実感する。中でもパルテノン神殿は、古代ギリシア文明を象徴する「完璧な建造物」と称賛され、その後の建築の規範となった。世界遺産を管轄するユネスコのロゴマークもパルテノン神殿をモチーフにしている――

続いてペリクレスは前４４４年、南イタリアに植民市トゥリオイを建設し、ギリシア全土から入植者を募った。その都市設計は、ミレトスの著名な都市計画家ヒッポダモスが行い、法典は、「人間は万物の尺度」と説いたアブデラ出身の哲学者プロタゴラスが起草した。入植者には、ハリカルナソス出身の歴史家ヘロドトスらが名を連ねた。ペリクレスは、全ギリシア人のための――ポリスの枠を超えた異例の――植民市トゥリオイを建設することによって、ギリシアの盟主たるアテナイの存在感を示そうとしたのだ。

アテナイの窮地

こんなアテナイの思惑とは裏腹に、アテナイの支配に反抗する動きが諸ポリスで再び顕著になる。

前447年、ボイオティア地方を追放された反アテナイ貴族が帰国して要地に立て籠もって蜂起した。アテナイは鎮圧軍を派遣したが、大敗し、多くの将兵が捕虜となった。やむを得ずアテナイは反アテナイ貴族と休戦条約を結んだ。捕虜の解放を条件に、ボイオティアからの撤退を余儀なくされたのだ。ボイオティア地方の諸ポリスでは、反アテナイ貴族が復権し、これまでの親アテナイ民主派政権は崩壊した。

——デロス同盟加盟ポリスで、反アテナイの中心勢力は貴族や大地主だった。同盟年賦金（フォロス）を実際に支払うのは彼ら富裕者だったから、同盟を私物化し、内政にまで干渉するアテナイを嫌悪したのだ。一方、親アテナイの中心勢力は平民だった。平民にとってアテナイは、貴族の権力濫用や不平等を正してくれる守護者と映ったからだ——

ボイオティアの蜂起は他へも波及した。翌前446年、アテナイの目と鼻の先にある肥沃なエウボイア島の諸ポリスがデロス同盟からの離脱を宣言した。ボイオティアの成功に勢いづき、アテナイ支配を嫌って亡命していたエウボイアの貴族が、帰国して実権を奪取し反旗を翻したのだ。アテナイは、ペリクレス自身が指揮官となり鎮圧に向かった。

ところが、ペリクレスがエウボイア島へ渡るやいなや、アテナイ隣国の同盟国メガラが突然、同盟の破棄を通告。メガラに駐屯していたアテナイ兵全員を殺害した上、スパルタ王プレイストアナクス率いるペロポネソス同盟軍を招いてアテナイ領に侵攻させた。

ペリクレスは急ぎ帰国した。しかし、窮地に陥ったにもかかわらず、ペロポネソス同盟軍を直ちに迎え撃たず、総司令官プレイストアナクス王が重用している側近クレアンドリデスに贈賄工作を仕掛けた。工作は成功して、ペロポネソス同盟軍はほどなく撤退した。

この撤退に怒ったのはスパルタ本国だった。責任者を裁判にかけ、プレイストアナクス王に多額の罰金を課した。彼はその金額を支払うことができなかったため、自ら国外へ去った。側近のクレアンドリデスには死刑判決が下ったが、彼はいち早く亡命した。

一方、ペリクレスは後日、この戦いの会計報告書に10タラントンもの巨額な支出を「必要経費」として計上した――民主政アテナイでは公金支出の詳細を報告しなければならなかった――。この10タラントンの使途不明金についてアテナイ市民が説明を求めた際、ペリクレスは「やむを得ず失った」と釈明した。市民は、ペロポネソス同盟軍を撤退させた贈賄経費だと感づいていたので、問題とせず了承した。

アテナイ本国の危機が去ると、ペリクレスは、エウボイア島に軍を引き返し、反乱鎮圧戦を再開。瞬く間に、離反ポリスすべてを降伏させ、服従を誓わせた。例えば、島内の有力ポリスであるカルキスには、アテナイへの人質差し出し、アテナイ軍のカルキス駐留、特定重要事案（カルキス市民の死刑、追放、市民権剥奪）の裁判権のアテナイへの委譲などを認めさせた。さらに、カルキスの大地主の土地を没収し、アテナイのクレルキア（植民地）にした。島北端のヘスティアイアに対しては、かつてアテナイ船を拿捕し乗員を殺した報復として、全市民を追放した。そのあとで数千人のアテナイ市民を入植させ、ヘスティアイアそのものをクレルキア（植民地）にしてしまった。

スパルタとの和平

どうにか窮地を脱したアテナイは、この後すぐ、スパルタと30年間の休戦条約を結んだ。双方とも全面戦争は避けたかったから、要は、海軍を核とするデロス同盟の盟主アテナイが海上の覇権を、陸軍を核とするペロポネソス同盟の盟主スパルタが陸上の覇権を保持することで折り合ったのだ。アテナイとしては全ギリシアの盟主になる野心をひとまず引っ込めた。その代わり、デロス同盟内の離反の動きにスパルタ陣営が加担し介入することを封じた。

ただしペリクレスは、この平和が続くとは思わなかった。それどころか両陣営の衝突は避けられないと考えていた。彼は同年、将来の戦争を見通して、アテナイの守りをさらに堅固にするため、中心市街とピレウス港を結ぶ３つ目の城壁「南長城壁」の建設に着手した（ペロポネソス戦争開戦時には完成した）。

しかもペリクレスは、スパルタとの和平後も、海外支配拡大の手をまったく緩めなかった。前４４０年、デロス同盟の最有力ポリスであるサモスが反乱を起こすと容赦なく武力鎮圧した。前４３７年には、エーゲ海北部トラキア地方の軍事・交通の要衝に植民地アンフィポリスを建設した。金・銀鉱山、船材産地を近くに抱えるアンフィポリスを拠点に、鉱物・船材資源を掌握しようとしたのだ。さらに同じ前４３７年、ペリクレスは自ら、エーゲ海以北に遠征。黒海南岸の港湾都市シノペを占領してアテナイ市民６百人を入植させるなど、黒海からの穀物輸入ルートを万全にした。

政敵トゥキュディデスの陶片追放

この間、アテナイ国内では、キモンの後継として寡頭派領袖となったトゥキュディデス（歴史家トゥキュディデスとは別人）が、ペリクレスに敵対していた。トゥキュディデスは、キモンのような軍事的な才能はなかったが、弁論術に長けていた。したがって、武勲で威光を示すのではなく、民会で市民に訴えてペリクレスを鋭く攻撃した。

トゥキュディデスが攻撃目標にしたのは、パルテノン神殿をはじめ、ペリクレスが展開する一連の大建設事業だった。特に、その巨額な建設費をデロス同盟年賦金（フォロス）で賄っていることを猛烈に批判した。

「デロス同盟加盟ポリスはなにも喜んで資金を拠出しているのではない。ペルシアの脅威に備える目的があるからこそ資金を納めているのだ。それなのに、ペリクレスは、その同盟の共同資金を使って、高価な大理石や彫像、何千タラントンもする神殿で、われらの街アテナイを金ぴかに飾り立てようとしている。そんなことをしたら加盟ポリスはひどい侮辱だと憤り、『アテナイは盗っ人のように同盟の共有財産に手をつけて防衛費となるはずの資金を自分のために流用している』と咎めるのは必定ではないか」

こう主張するトゥキュディデスに、ペリクレスは反論した。

「そもそも加盟ポリスの義務は軍船と兵士の提供であり、それが無理な場合に同盟年賦金（フォロス）の拠出に代えることを認めたのだ。なのに、ほとんどの加盟ポリスは馬一頭、軍船一隻、重装歩兵一人とて提供せず、ただ金を出しただけだった。いうならば、その金はわれらアテナイに委ねられたものなのだ。そして現実に、われらアテナイ人は血を流して戦い、加盟ポリスの望み通りペルシアの脅威を取り除いた。十分な成果を加盟ポリスに与えたのだから、アテナイが必要な軍備をすべて整え終えた今、その余剰の資金を公共建築物に投入するのは正当なことだ。むしろ積極的に、ペルシア戦争勝利という輝かしい栄光を永遠に残す事業に用いるべきであろう」

こう言い放った後、ペリクレスは、パルテノン神殿などの建設工事が大量の雇用と賃金をアテナイ市民にもたらすことを付け加えた。この演説に市民は魅了された。

それでもトゥキュディデスは「ペリクレスは国の収入を湯水のように使っている。浪費がひどすぎる」と非難し続けた。これにペリクレスが「では私個人の支出としよう。その場合、完成した折りには建造物に私の名を刻むことになる。わが名はアテナイの栄光とともに永遠に残るのだ」と言い返すと、市民は、自らもその名声にあずかりたいと考えたのか、「国の支出でアテナイを飾ることに異論はない」「気兼ねすることなく国費をつぎ込んでくれ」と叫び、一斉にペリクレスを支持した。

この世論の流れを見てペリクレスは前４４３年、陶片追放（オストラキスモス）の実施を民会に提案。目障りな政敵トゥキュディデスに票を集め、彼を国外追放することに成功した。

そして同年、ペリクレスは、実質的な最高ポストであるストラテゴス（将軍）に就いた。以降、彼は死ぬまで毎年ストラテゴス（将軍）に選出された。アテナイ市民から絶大な支持を受け続けたのだ。現代の歴史家は、この前４４３～４２９年の15年間を「ペリクレス時代」と呼ぶ。アテナイの黄金期であり、古代ギリシアの最盛期である。

言葉の上の民主政

プルタルコスは、トゥキュディデスを陶片追放にした頃から、ペリクレスの政治姿勢が変わった、と評している。プルタルコスによると、権力を完全に掌握したペリクレスは、市民に迎合することがなくなり、市民団の利益のために自らが「良い」と考える政策をためらうことなく実行した。たいていの場合は市民を説得し納得させたが、ときには嫌がる市民を強引に承知させることもあった。市民が興奮して暴走しそうなときにはそれを押さえ、意気消沈しているときにはそれを慰め励ました。ペリクレスただ一人が個々の問題を適切なやり方で正しく処理する能力を備えていた、とまで記している。

歴史家トゥキュディデスも、市民がわきまえを忘れて傍若無人に勇み立っていればペリクレスは言葉で畏怖するまで叱りつけ、逆に市民が理由もなく怯えていれば士気を高めて自信を回復させた、と述べており、こうしたペリクレスの治世を次のように評している。

「言葉の上では民主政（市民全員による支配）であったが、実際には市民の第一人者による支配となっていた」

このことから、現代では、ペリクレスを独裁者と表現する人もいる。だが、ペリクレスは、私たちが今日イメージするような独裁者とは異なる。現代の独裁者は、独断で政治を進め、法律も勝手に改め、反対勢力には強権を発動して弾圧する。言論の自由を封殺して批判をけっして許さず、不正選挙、政敵の投獄や暗殺さえも行う。しかし、ペリクレスは、そんな赤裸々な政治弾圧や言論統制をしなかった。彼の治世下であっても、政敵は政治活動を続け、ペリクレス一派の弾劾を民会に働きかけ、実際にペリクレスの多くの仲間が粛清された。ペリクレスに対する批判、悪口が記された当時の文書や喜劇作品も数多く残っている。

アテナイ民主政は、現代からみると、これで政治が展開できるのかと思えるほど、徹底的に権力を制限した。現代においては独裁者を退場させる手立ては革命やクーデターしか考えられないが、アテナイ市民は、弾劾裁判や執務審査、陶片追放などで、公職者の責任をたえず厳しく問い質し、いつでも罷免・追放することができた。

アテナイ民主政下では、決定権は常に市民が握っていた。誰がリーダーであっても独断は許されず、民会において市民が同意しなければ何事も決定できなかった。それに逆らう者は市民によって裁かれた。ミルティアデスやテミストクレスのような救国の英雄でさえも、その例外ではなかった。アテナイでは、キモンやエフィアルテスも含め、ほとんどのリーダーは失脚もしくは非業の死をとげた。アテナイ民主政は、現代とは比較にならないほど、権力者にとって過酷な仕組みだったのだ。

ペリクレスについても彼が過去の権力者よりも特別に強力な権限を持っていたわけではなかった。従来と変わらず、アテナイ市民は常に彼を罷免する権限を保持していた。ペリクレスといえども、現代の独裁者のような独断政治や、剥き出しの強権発動はできなかったのだ。

では、それなのに、なぜ彼だけが権力を掌握し続けることができたのか。

給料制度の創始

ペリクレスは、国外ではキモンの帝国化政策（海外の土地を奪ってアテナイ市民に与える帝国主義的な海外拡張政策）を継承したが、国内では民主化政策をひたすら推し進めた。――両政策は連動しており、帝国化政策は、貧しい市民に農地を与えるという民主化政策の一環でもあった――

まずペリクレスは、前457年、上位2階層の富裕市民に限定していた最高官アルコン（執政官）職を、第3階層の農民級＝重装歩兵級（ゼウギタイ）市民に解放した。

次に、ペリクレスは、彼最大の民主化政策といわれる、公職者への給料支給に踏み切った。

従来、政治とは貴族ら富裕者が余暇を利用して行うものとされ、公職者は無給だった。ところが、民主化が進み公職者を抽選で選ぶようになると、無給では、日々の生活費を稼がなくてはならない貧しい市民が実際には公職に就けない、という問題が浮上した。特に市民裁判所は深刻だった。エフィアルテスの改革によって1年交替で6千人もの市民が裁判員に抽選される巨大組織となったから、経済的な理由で裁判員に就けない市民が続出したら機能不全に陥る。つまりは民主政が形骸化してしまう。

そこでペリクレスは、前450年代（正確な年は不明）に、すべての市民が裁判員に就けるよう、市民裁判所の裁判員に手当（ミストス）つまり給料を支給する法案を民会に提出し、成立させた。日当額は当初2オボロス――熟練作業員の日給（1ドラクマ＝6オボロス）の3分の1ほど――で、前420年代に3オボロスに増額された。

この手当を皮切りに、アテナイ民会は他の公職にも対象を広げていった。主なものをみると

【五百人評議会議員手当】政府機能を担った五百人評議会の議員に支払われる給料。ペロポネソス戦争以前に導入されたらしく、正確な創設年も当初の日当額も不明だが、後に日当額は5オボロ

スとなり、当番評議会議員（プリュタネイス）には1オボロスを上乗せした。

【アルコン手当】アルコンに支払われる給料。創設年は不明。日当額4オボロス。

【民会手当】民会に出席した市民に支払われる給料。前5世紀末の創設とみられ、日当額は1オボロス。その後、2オボロス、3オボロスへと徐々に引き上げられた。前4世紀後半になると、年10回開催の主要民会出席者に1.5ドラクマ、年30回開催の通常民会出席者に1ドラクマを支給した。民会出席者が減ってきたため、参加を促すために支給されたといわれている。

【観劇手当】祭祀で上演される演劇を見る市民に支払われる手当。前5世紀後半とみられる創設時は貧困層のみ年1回2オボロスの日当を支給。前4世紀半ばに制限を緩和し、より幅広く支給した。――アテナイでは観劇は単なる「娯楽」ではなかった。観劇には市民団の伝統、規則、倫理を教育する役割があるとされた。観劇、祭祀への参加によって市民団の一体感を高めることが、参政権を持つ市民の重要な「務め」だった――

【従軍手当】軍事遠征の際、軍船の漕ぎ手らに支払われる給料。創設年は不明だが、ペリクレス時代には既に存在。日当額1ドラクマ。

このほか、ペリクレスが始めたパルテノン神殿などの建設工事従事者には市民に限らず誰でも、工賃として日当1ドラクマを支払った。

なお、アテナイ市民には、戦士として国防を担うことに対応して、社会保障ともいうべき手当が昔からあった。戦死者の遺児に対して成人するまでの養育費を国庫で手当していたし、戦傷によって働けなくなった市民にもいわば身体障害者手当を支給していた。このうち身体障害者手当は創設年も日当額も不明だが、既に前6世紀初めのソロンの時代に存在したともいわれている。ペリクレス時代の後に、戦傷以外の身体障害者にも対象を拡大したらしい。前4世紀初めで1オボロスの日当が支給され、その後、2オボロスに引き上げられた。

給料制の導入によって、貧しい市民も公職に就けるようになり、ここに初めて、全市民の政治参加というアテナイ民主政の仕組みは、制度上だけでなく、実態としても機能することになった。

給料支給のための財源は、主にデロス同盟の共同資金を流用した。つまり、同盟加盟ポリスの拠出金をアテナイ市民の給料に充てる――他ポリスの富を自国のものにする――ことで、アテナイ民主政は実質的に機能することになった。給料制は、アテナイ市民の政治参加を経済的に保証するシステムであると同時に、デロス同盟の共同資金を私物化してアテナイ市民に再配分するシステムでもあったのだ。

歓迎する民主派、批判する寡頭派

給料制は、多くの市民、特に下層市民から歓迎された。彼らは、給料制を創始したペリクレスを熱烈に支持し、彼の進める民主化政策を強力に後押しした。

これに対して、貴族支配を望む寡頭派や民主政に否定的なソクラテス、プラトンらは「人気取り政策」「公費のバラマキ」「市民の自立を脅かし怠け者にする愚策」「政治の堕落を招く」などと厳しく批判した。アリストテレスも著書「アテナイ人の国制」で、ペリクレスが裁判員手当を創設した理由を、私財を投じて市民に恩恵を与えたキモンに対抗して民衆の歓心を買うため、と冷評した——ただし、この時期キモンの政治力は失墜しており、対キモンの政策と断定するのは正しくない——。

給料制は実際、貴族から権力を取り上げ、三段櫂船の漕ぎ手（下層平民）にそれを分け与えるのに大きく貢献したから、民主派に対する寡頭派の反発はさらに激化した。

ちなみに、アテナイをはじめとする古代ギリシアの市民は、奴隷が担う「労働」を蔑み、自由時間を生む「余暇（閑暇）」を尊んだ。労働から解放されることによって余暇が生まれ、教養を高めることができる、と考えた。——古代ギリシア語の余暇「スコレ」は英語「スクール（学校）」の語源となった。余暇こそが学ぶ時間を生むとされ、そこから学ぶ場所をスクールと呼ぶようになった——

したがって彼らは、富裕な人は「余暇と教養」を持つことができるので「徳のある人（美しく善い人）」になる、という人間観を形成した。政治、祭祀、観劇、身体鍛錬、酒宴など、余暇に伴う公共活動が「徳のある人」になるための必須条件だったのだ。これに対して、貧しくて労働に追われている人は「余暇と教養」を持つことができないので「徳のない人（醜悪な人）」になる、とされた。

これを反映して、寡頭派は、「国政は、それにふさわしい『徳のある人』が担うべきだ。『徳のある人』とは、裕福で十分な余暇と教養を持つ貴族だ。『徳のない大衆』に政治を任せると衆愚政に陥り国は堕落する」などと主張した。

一方、民主派は、「おなじポリスをつくる市民は平等であり、権力はすべての市民が持つべきものだ。アテナイの繁栄は市民すべての力なくしてなしえなかった。平民でも国政運営は十分可能だ。寡頭政では貴族のための政治に陥ってしまうではないか」などと主張した。

市民権の制限

こうした給料制を導入した後か、あるいは前後して、ペリクレスは、アテナイ市民のあり方を大きく変えた。前４５１年に市民権法を改正し、父母共にアテナイ人の子に市民を限定したのだ。それ以前は、父親がアテナイ人であれば母親が外国人であっても市民と認定された。そのような市民は多く、クレイステネス、テミストクレス、キモンも母親が外国人だった。改正市民権法では、彼らは市民になれない。

市民権を限定した意図は、よく分かっていない。「市民数が過剰になったため」とか、「給料の給付など多くの特権を持つアテナイ市民を無制限に増やさないため」とか、「アテナイ市民団の一体感を醸成して民主化に向けた団結力を高めるため」とか、「アテナイ市民の純血を守るため」とか、「外国女性との婚姻が常態化していた寡頭派貴族に打撃を与えるため」とか諸説あるが、定説はまだない。ただ、法改正によってアテナイ市民団の閉鎖性が強まり、その結果、デロス同盟を支配する特権身分となったアテナイ市民は、より特別な存在になった。

アテナイの財政構造

では、市民に給料を支給したアテナイ財政はどのような構造になっていたのだろうか。

歳入を見ると。アテナイでは、財産や所得にかける直接税はなかった。ただし、在留外国人（メトイコイ）には、年額で男12ドラクマ、女6ドラクマという人頭税を課した。また、緊急時に戦費に充てる特別税として、一定以上の資産を持つ富裕な市民と在留外国人に課した臨時財産税が存在した。税額は自己申告した財産評価額の1～2％だった。

平時の主な収入源はというと、間接税が中心で、▽ピレウス港の輸出入品に課した関税、▽ピレウス港に停泊の船主に課した港湾税、▽アゴラ市場税、▽ラウレイオン銀山などの鉱山収入、▽公有地賃貸料、▽裁判訴訟手数料――などがあった。

租税のほかでは、公共奉仕（レイトルギア）という仕組みがあった。3タラントン以上の財産を持つ富裕な市民と在留外国人が財政負担する、市民団全体のための奉仕活動のことだ。名士の役目とされ、公共奉仕を行う人は市民から尊敬された。富裕な市民・在留外国人の中から毎年指名されるが、公共奉仕の負担は1人年1回で、2年連続して行う義務はなかった。具体例としては、▽コレゴス（合唱隊長）＝演劇の上演までの手配や費用を負担するスポンサー兼プロデューサー、▽三段櫂船奉仕＝三段櫂船の艤装（航海に必要な装置を完成船に取り付けること）、修理、船員徴募、航海指揮などを主宰、▽運動競技選手の育成、▽公共建造物の建設――などがあった。このうち国防に関する三段櫂船奉仕は、市民の役目で在留外国人は除外された。

――ちなみに、在留外国人（メトイコイ）は自由身分なので、アテナイ市民と同様に軍務と公共奉仕の義務があった。しかし、参政権と不動産取得権がない上、人頭税を課せられた。土地が持てないため農業に従事できないなど、市民より不利な立場ではあったが、定められた手続きをとり人頭税を払えば、法的に身分保障（生命・財産の保護）を受け、自由に商工業、学芸芸術に携わることができた。アテナイにいれば稼ぐことができたので、大勢の在留外国人が集まり、財を築く者も多かった――

そして、これまで見てきたように、潤沢な財源となったのが、デロス同盟加盟ポリスが拠出する同盟年賦金（フォロス）だった。その年間総額は、当初４６０タラントンだったが、アテナイによって、前４３１年に６百タラントン、前４２５年に１千タラントン超へ増額された。

一方、歳出をみると。これらの歳入によって、公職者の給料、戦死者遺児の養育費、身体障害者手当を支給したほか、城壁・道路・排水溝・神殿の整備や改修、造船、国葬などの費用を賄った。アリストテレスの「アテナイ人の国制」は、国庫によって裁判員６千人、評議員５百人など２万人以上のアテナイ人が養われた、と記している。

このような巨額な公金を扱うため、アテナイではペリクレス時代、公金の運用・管理を厳しくチェックする精細な制度が整備された。公金の私物化や横領などの不正を防ぐ必要があったからだ。アクロポリスの神殿に置かれたアテナイの国庫は10人の財務官が管理し、財務官は1年の任期を終えると市民から執務審査を受けた。また、公金の収支や使途を明示した会計報告も義務づけられ、碑文に刻む形で公開された。もし不正があれば市民が民会や市民裁判所へ訴追し、その責任者を厳罰に処した。

弁論の時代へ

アテナイ黄金期を体現した人物だと言われるペリクレス。彼は前４９５年頃、アテナイ屈指の名門アルクメオン家の貴族として生まれた。父親はミュカレの戦いでペルシア軍を撃破した将軍クサンティッポス。母親はクレイステネスの姪アガリステだった。

ペリクレスは、顔立ちも体つきも申し分のないほど端麗だったが、ただ一点それに不似合いなほど不均等に頭が長かったと伝えられる。当時の喜劇作家からは「タマネギ頭」「いくつもベッドを置けるぐらいの大頭」などとからかわれ、プルタルコスも、ペリクレスの彫像がカブトをかぶっているのは長い頭を隠すため、と記している。

ペリクレスは、民主派でありながら、市民と距離を置く、近寄りがたい貴族的な人間だった。プルタルコスによると、ペリクレスは、自らの生活に厳しい規律を設け、威厳が損なわれることのないよう市民との接触を避けた。市民はペリクレスが自宅とアゴラの道一本を往来する姿しか見なかった。ペリクレスは私的な供応接待を極度に嫌い、宴会の招きに一切応じなかった。親戚の結婚式に出席したことがあったが、酒宴になると帰ってしまった。政治の場面でも、ペリクレスは大事な時にしか姿を現さなかった。あまり重要ではない法案については友人や弁論家に対応を任せた。

寡頭派領袖キモンが市民と気さくに接したのに比べ、ペリクレスの対応は、無愛想で親しみにくい政治家として嫌われる要素が満載だった。にもかかわらず彼は支持された。

アテナイにおいて政治リーダーとして成功する条件は、優れた軍事指揮官であること、民会で市民の心をつかむ雄弁家であること――民主化が進むにつれて巧みに議論して相手を説得する能力

（弁論術）の重みが増した――だった。

ペリクレスは、有能な軍事指揮官だったが、常勝将軍キモンには及ばなかった。その代わりにペリクレスは、類いまれな弁論の才を持つ雄弁家だった。ゆえに、彼は武勲のみを拠り所としなかった。当代随一の演説上手という才能をいかんなく発揮することで、市民から絶大な信頼と支持を勝ち得た。彼の弁舌には誰も太刀打ちできなかった。

陶片追放された寡頭派領袖トゥキュディデス――彼も弁論の才でキモンの後継者となった――が、スパルタ王から「そなたとペリクレスではどちらの方がレスリングが強いか」と問われ、「たとえ私が投げ倒しても、ペリクレスは倒れなかったと言い張り、観衆まで言いくるめて勝ちを制してしまうでしょう」と答えた、という逸話さえ残っている。

さらに、ペリクレスは、金銭にきれいだった。政治家としては他に類をみないほど清廉潔白だった。供応接待を極度に嫌い、買収には無縁であり、職権を利用した蓄財を一切行わなかった。歴史家トゥキュディデスによると、ペリクレスは、長期間絶大な権勢を振るったにもかかわらず、財産を、父から遺産として残された額より1ドラクマも増やすことはなかった。

また、ペリクレスは常に冷静沈着で、自制心が強く、感情に流されることがなかった。プルタルコスによると、ペリクレスが政務をしていると、ある市民から罵詈雑言を浴びせられた。ペリクレスは、それを無視していたが、執務を終えて夕方に帰宅する段になっても、その市民はつきまとい悪態を突き続けた。ペリクレスは家に着くと、辺りが暗くなっていたので、下僕の一人に灯りを持たせてその市民を家まで送るように命じた。

ペリクレスは、後にペロポネソス戦争の開戦を主張したが、必ずしも好戦的な政治家ではなかった。プルタルコスによると、ペリクレスは死に際に、自身の最大の業績として「市民の誰一人として私のせいで黒い喪服を着けずにすんだ」ことを挙げた。これは誇張がすぎるが、確かに彼は、無謀な侵略を訴える市民を抑え続けた。さらなる富を求めて市民が「小麦の産地であるエジプトやシチリアを支配下に置こう」などと訴えても、決して同調せず、説得して断念させた。

ペリクレスと知識人

ペリクレス時代、アテナイは、政治や経済のみならず、建築、彫刻、哲学、科学など文化においても圧倒的に興隆したから、アテナイはギリシアの文化的中心地となり、多くの知識人が集まった。市民とは距離を置いたペリクレスだったが、そんな知識人とは積極的に交流した。彼らの教養に一目置き、彼らを政治ブレーンとして迎え入れて民主化政策を進めた。

ペリクレスが親交を深めた人物を紹介すると、アテナイに来た外国人では、自然哲学者アナクサゴラス、ソフィストの始祖といわれ雄弁術を教えたプロタゴラス、「アキレスは亀に追いつけない」という論法を唱え「問答法（弁証法）の発見者」（アリストテレス）といわれるエレアのゼノン、歴史家ヘロドトス、ソクラテスも舌を巻いたミレトス出身の才女アスパシアらがいた。アテナイ人では、音楽家ダモン、古代ギリシア最高の彫刻家といわれるフェイディアス、三大悲劇作家ソフォクレスらだった。

彼らとの交流によってペリクレスは、最新の知識や合理的な思考を身に付け、それを政治に反映させた。例えば、ペリクレスが給料制を創始したのは、ダモンが助言したからだといわれている。ペリクレスが建設を進めたパルテノン神殿の本尊アテナ女神像は、友人フェイディアスが製作した（パルテノン神殿建設の総監督とも伝えられるが、現在では否定的な見方が強い）。友人ソフォクレスとは同僚の将軍として一緒に戦地に赴いた。才女アスパシアとは夫婦になった。また、既述の通り、ペリクレスが建設した植民市トゥリオイの法典はプロタゴラスが起草し、トゥリオイにはヘロドトスも入植した。

そんな中でも、ペリクレスは、「太陽は燃える石」と説いたアナクサゴラスの科学的な理論に傾倒した。それを裏付ける逸話も残っている。ペリクレスが艦隊を指揮していた時、日食が起こったため、不吉だと将兵が驚き騒ぎ出した。ペリクレスは、肝をつぶした兵士の眼前に外套をかざし「どうだ、これが恐ろしいか」と質した。兵士が「いいえ」と答えると、「これとあれとどこが違うのか。日食の闇を作り出したものの方が、この外套より大きいというだけに過ぎないではないか」と言って、将兵の不安を取り除いた。

このような知識人ブレーンの存在はペリクレスの強みだった。だが、のちに彼らは次々とペリクレスの元から離れることになるのである。

第5章　衆愚への堕落　――ペロポネソス戦争

1　ペリクレスの死

スパルタとの全面戦争

アテナイが絶頂期にある中、しかし、アテナイを含むギリシアのポリスは衰亡へ向かい始めていた。

きっかけとなったのは、ペロポネソス同盟加盟国コリントスと島国ケルキュラとの武力衝突だった。前435年に発生したこの衝突で、ケルキュラは、スパルタを後ろ盾とするコリントスに対抗するため、それまでの中立政策を棄て、アテナイに同盟を求めた。アテナイは、大艦隊を持つケルキュラを自らの陣営に引き入れたいと思い、前433年に防御同盟を締結。軍船20隻をケルキュラへ派遣した。これによってコリントスはアテナイを激しく敵視するようになった。

翌前432年、エーゲ海北岸にあるコリントスの植民市ポテイダイアがデロス同盟から離反しアテナイと戦争を始めると、コリントスはポテイダイアへ援軍を派遣した。一方、アテナイは同年、コリントスを支援していたペロポネソス同盟加盟国メガラの市民を、デロス同盟支配地の港湾や市場から閉め出した。通商国であるメガラは、エーゲ海域での商取引に支障が出て困窮した。

激高するコリントスとメガラは、緊急開催されたペロポネソス同盟会議で「アテナイ一国による独裁が全ギリシアに及ぼうとしている」と叫び、盟主スパルタにアテナイとの対決を強く迫った。スパルタは、国内に奴隷反乱の不安を抱えていることもあり、当初穏便な解決方法を探った。が、最終的にはアテナイへの宣戦を決めた。そう決断したのは、とどまるところを知らない新興大国アテナイの急速な勢力拡大に、大変な脅威を感じたからだった。

一方、アテナイでは、ペリクレスが市民に対し、スパルタに妥協して和睦することなく、断固戦うよう訴えた。その際、彼は、市民を扇動するのではなく、合理的に数値を示して勝算十分なことを説明した。すなわち戦費面では、デロス同盟年賦金（フォロス）が毎年6百タラントン入ってくる上、アクロポリスの金庫の貯蔵銀貨6千タラントン、これまでの戦争での戦利品や奉納品5百タラントン以上、パルテノン神殿のアテナ女神像を覆う黄金40タラントンなど巨額の蓄えがあることを提示。戦力面では、城塞などの守備兵1万6千人を除いても重装歩兵1万3千人、騎兵1千2百人、弓兵1千6百人が動員でき、就航可能な三段櫂船が3百隻にも上ることを示した。

その上でペリクレスは、農村を放棄して城壁で囲まれた中心市街に籠城し、ギリシア随一の海軍力によって敵の本拠地ペロポネソス半島を突く、という戦略を提案。そうすれば敵は疲弊し財政力豊かなアテナイが必ず勝利する、と説いた。農村に住む人々は初め猛反発したが、ペリクレスの説得によって最後には市民も、スパルタが得意とする陸戦を避けて海から攻撃する、というこの理に適った戦略を承諾し、スパルタと全面戦争に突入することを決めた。

前４３１年初夏、スパルタ率いるペロポネソス同盟軍がアテナイ本土（アッティカ）へ侵攻し、ついにペロポネソス戦争が勃発した。この戦争は、アテナイ陣営のポリスとスパルタ陣営のポリスとの戦いだったが、同時に、ポリスの枠を超えた民主派と寡頭派との戦いにもなった。それぞれのポリス内部において、平民ら民主派はアテナイに、それに反発する貴族ら寡頭派はスパルタに共感したから、各ポリスの民主派とアテナイ、寡頭派とスパルタがそれぞれ支援し合い、戦いに介入したのだ。その結果、両陣営の戦争は国内対立と連動し、全ギリシア人の争いへと泥沼化した。

ペリクレスの国葬演説

アテナイに侵攻したペロポネソス同盟軍はアッティカの農村を荒らした。これに対してアテナイ軍は戦略通り、迎え撃つことをせずに籠城し、艦隊でペロポネソス半島を襲った。ペロポネソス同盟軍は、想定していた陸戦を行えず、大した軍事的成果を得られないまま、しばらくして本国へ引き上げていった。（前述したとおり、当時の戦争は春すぎ～秋の農閑期に行うのが通例だった）

前４３１年冬、戦争の行方に自信を深めたペリクレスは、今次戦争の戦死者を追悼する国の式典で演説し、民主政アテナイを自賛した上で、戦争遂行の意義を強く訴えた。米国リンカーン大統領がゲティスバーグ演説（人民の人民による人民のための政治）の下敷きにしたともいわれる有名な演説である。歴史家トゥキュディデスが著書「戦史」でその内容を記している。

ペリクレスはまず、「ここで私は、われらアテナイ人の武勇を長々と論じようとは思わない。大切なのは、われら自身がアテナイの偉大さを知ることだと信じるからだ」と切り出し、アテナイが命を懸けて守るに値するポリスであることを次のように強調した。
「われらの政体は、他国の制度を真似たものではない。他国を理想とするのではなく、逆に他国が手本とする政治体制である。少数者が政治を独占することを排し、すべての市民が権力を持ってより多くの人々の意見を取り入れるが故に、デモクラティア（民主政）と呼ばれる。
この政体では、法の下、何人も平等であり、身分ではなく個人が持つ能力が重視される。たとえ貧しくとも、祖国に貢献する力のある者ならば、しかるべき高い地位が与えられ、その力を発揮する道が閉ざされることはない。自由に国政に参加できるのみならず、日常生活にも自由は及んでいるが、こと公共の事柄に関して、われらが何よりも恐れるのは、法を犯すことである。（中略）
われらは、家事と国事の双方に大きな関心を持つけれども、どんなに自身の家業に励む者でも、国政の問題を正しく理解し、的確な判断を下すことができる。われらのみが、政治に関与しない人間を、余暇を楽しむ者とはいわず、ただ役立たずとみなすからだ。（中略）
結論を言えば、アテナイは全ギリシアの規範（教師）であるのだ」
こう力説した後、ペリクレスは「かかるポリスのために、ここに眠る人々は気高く戦い命を終えた。残されたわれらも皆、このポリスのために苦難をすすんで堪えることこそ至当であろう」と、市民の戦意を高揚させた。

疫病の大流行

ペリクレスの想定通り、戦いはアテナイに有利に進行していた。ところが、ペロポネソス同盟軍が再びアッティカに侵攻した開戦2年目に、予期せぬ災厄がアテナイ市民を襲った。前430年初夏、農村からの疎開で人口が密集したアテナイ中心市街で疫病（病名は不明だが腸チフス説が有力）が発生し、やがて大流行したのだ。

自ら罹病し運良く一命をとりとめた歴史家トゥキュディデスによると、病死の遺体が街中に累累と転がり火葬さえままならないほどであり、4年間で実に市民の3人に1人が死亡する大惨事となった。その上、疫病はアテナイ人の心を荒廃させ、モラルを崩壊させた。人々は、いつ病死するのかと怯え、その場限りの享楽にふけった。法を犯しても生きているうちに楽しんだ方がましだ、と思うようになり、平気で遺体から金品を奪った。もはや戦争どころではなくなった。市民の間に厭戦気分が蔓延し、開戦を指導したペリクレスに不満の矛先が向けられた。

これを受けてペリクレスは民会で、戦争をやめる愚を次のように語り、市民を説得した。

「デロス同盟を支配するわれらは、もはや支配者の座から降りることはできない。もし降りれば、支配者であった間に買った恨みで報復されよう。その支配がたとえ正義に反することであったとしても、支配者の地位を棄てることは身の破滅を意味する。（中略）疫病以外はすべて予期した通りである。挙国一致して戦うべきである」

民主政アテナイを賛美した先の演説とは一変し、その裏面である帝国主義国アテナイの汚れた実態に言及し、もはや後戻りはできないと市民を脅すかのような内容だった。ともあれ、この演説で市民は、不満をいったん収め戦争続行を了承した。それほどペリクレスを信頼していたのだ。

ペリクレスの家庭事情

私生活でペリクレスは、妻との間に嫡子２人をもうけた。が、前４５０年代にその妻と離婚し、前４４０年代に、ミレトス出身のヘタイラ（遊女）アスパシアと結婚――法律上は内縁関係――した。ヘタイラとは、歌舞音曲に優れ、文芸はもちろん会話でも男を楽しませる女性のことだ。現代日本でいえば、京都の芸妓や銀座の高級クラブのホステスのような女性をイメージすればいいのかもしれない。彼女らは芸事だけでなく、政治経済も熟知し知的な会話に対応できるといわれる。なお、ヘタイラの中には体を売る者もいたが、ヘタイラがみんな娼婦とはいえず、娼婦は別にポルネ（ポルノの語源）と呼ばれた。

アスパシアは非常に教養高く、中でも弁論に優れていたので、彼女の元にはアテナイの名士が集まり、サロンのようになった。プラトンによると、ソクラテスやペリクレスは彼女から弁論術を学んだといい、ペリクレスの国葬演説は彼女が草稿を書いたともいわれている。そんなアスパシアをペリクレスは熱愛し、外出時と帰宅時に毎日キスを交わすほどだった。

とはいえ、在留外国人のヘタイラと国の指導者が連れ添うことなど前代未聞だったから、ペリクレスの政敵や喜劇作家は、大スキャンダルとして猛攻撃した。アスパシアを淫売、売春婦と罵り、彼女がアテナイ人女性を斡旋しペリクレスと密会させている、彼女がペリクレスを動かしてペロポネソス戦争を起こした、などと中傷した。

こうしたスキャンダルに新たなネタを提供したのが、嫡子２人だった。ペリクレスは公金だけでなく家計も厳格に管理して切り詰めた生活を送ったから、嫡子２人は父を嫌い不良化した。特に長男クサンティッポスは浪費がひどく、父ペリクレスの名前で借金を重ねた。貸し主の返済要求をペリクレスが拒否すると、腹を立てたクサンティッポスはペリクレスの悪口を言いふらした。あろうことか「父が私の妻に手を出した」とも騒ぎ立てた。そんな不肖な息子でも２人が疫病にかかり死ぬと、普段まったく感情を表に出さないペリクレスが慟哭した。

ペリクレスの失脚

戦士となる市民の３分の１が病死する事態となってもアテナイは戦争を続けていた。驚くべき国力だが、疫病禍と戦争という二重苦に市民は、ペリクレスに対する不満を再び高めていった。我慢できなくなった市民はとうとう、ペリクレスを将軍職から解任し、弾劾裁判にかけた。裁判の容疑は不正会計で、彼の政敵の告発によるものだった。

前４３０年冬、告発者から死刑を求刑されたペリクレスに対して、アテナイ市民は重い罰金刑を下した。清廉で知られるペリクレスがどんな不正会計を行ったのか、分かっていない。彼はかつて国難打開のためスパルタへの贈賄資金を使途不明金として計上──市民は黙認──したこともあったから、そのような行為が公金横領や着服、その他何らかの罪に問われたのかもしれない。あるいは知られざる犯罪行為があったのかもしれない。ひょっとしたら濡れ衣だったのかもしれない。

実は以前から、ペリクレスは政敵から攻撃を受け続けていた。それは、寡頭派領袖トゥキュディデスを陶片追放して絶大な権力を握った前４４３年以降も同様だった。政敵は、市民が強く支持するペリクレス本人を排斥できないと判断すると、標的を彼の腹心に定めた。前４４０年代、給料制を助言した音楽家ダモンが「音楽に名を借りて政治活動を行っていた」として陶片追放。前４３３年、哲学者アナクサゴラスが「太陽は（神ではなく）灼熱した石である」と説いたため、また哲学者プロタゴラスも「神々が存在しているのか否か、私は知ることができない」と言ったため、ともに涜神罪で国外追放に処せられた。前４３２年には、妻のアスパシアが涜神罪で告発されたが、ペリクレスの必死の弁護によって彼女は有罪を免れた。さらに前４３０年、友人の彫刻家フェイディアスが「神聖なアテナ女神像の盾にフェイディアスとペリクレスの姿を彫り込んだ」として涜神罪で告発され、身の危険を感じた彼は国外に逃亡した。そして政敵はついに、疫病の大流行で市民の不満が高まったのを絶好機として、ペリクレス本人の弾劾、失脚に成功したのだった。

ところが、ペリクレスは弾劾後すぐに復権した。前４２９年、アテナイ市民は、国の舵取りをする人材がいないことに気づき、手のひらを返した。ペリクレスに対し、裁判を詫びて指導者へ復帰するよう要望したのだ。ペリクレスはこの時、弾劾された上、信頼できる仲間や跡継ぎとなる嫡子２人を失い、悲しみにうちひしがれ、家に閉じこもっていた。そんなペリクレスに市民は、彼が後見人となっている甥のアルキビアデスも動員して懸命に説得し続けた。これを受けてペリクレスは、市民の要望にこたえることを決め、将軍に再選出された。

その際、ペリクレスは、家系が絶えないよう、外国人の妻アスパシアが生んだ庶子の小ペリクレスをアテナイ市民にすることを懇願した。かつて自ら提案した市民権法（父母共にアテナイ人の子に市民を限定）に反することだったが、アテナイ民会は特例として彼の願いをかなえた。

家名断絶を免れたペリクレスは安堵した。けれども、復権した彼が指導力を発揮することはなかった。ほどなく疫病に冒されてしまったからだ。65歳ほどと推定される老ペリクレスにはもはや、病に打ち克つ力は残っていなかった。前429年秋、ペリクレスは病死した。

2　デマゴーグの時代

ペリクレスの死後、アテナイを率いたのはクレオンやクレオフォンら「デマゴゴス」と呼ばれる政治指導者だった。デマゴゴスとは市民を導く人という意味だが、このときのデマゴゴスの所業によって、英語「デマゴーグ」の語源となり、嘘の情報で市民の人気とりをする扇動政治家を指すようになってしまった。デマ（扇動的な悪宣伝）という言葉もこれに由来している。デマゴゴスは、政敵の中傷に明け暮れ、侵略意欲旺盛な市民に媚びて扇動し、無謀な戦争を繰り広げた。彼らによって、アテナイは破滅の道を突き進むことになる。

アテナイの傲慢

前428年、レスボス島のミュティレネがデロス同盟から脱退し反乱を起こした。疫病と戦争の重荷に苦しむアテナイは、この反乱に大きな衝撃を受け、すぐさま鎮圧軍を派遣した。これに対して、寡頭政を敷くミュティレネは、為政者である貴族が下層市民にも武器を与えて迎え撃とうとした。ところが、武器を得た下層市民が貴族に反抗したため、翌前427年にやむなく降伏した。

降伏を受けて、アテナイ本国では、怒りに駆られた市民が、クレオンの提案通りに、ミュティレネの成年男子市民を全員処刑して女性と子供を奴隷にする、と民会で決議。決議命令を伝える三段櫂船をミュティレネへ派遣した。

ところが一夜明けると、全員の処刑は厳罰すぎたと後悔する市民が現れる。彼らの提案で民会が再び開催されると、処罰は妥当だと引き続き主張するクレオンらを抑え、処刑の取り消しが決定された。直ちに、赦免を伝える三段櫂船をミュティレネへ急行させ、何とか処刑寸前に刑の執行を中止させることができた。アテナイ市民は、一時の激情で残酷な仕打ちに走ったものの、かろうじて理性を取り戻したのだった。

この間、戦況は依然アテナイに有利に展開していた。籠城して艦隊で敵の本拠地を突く、というペリクレスの戦略のおかげだった。それを証明するかのような出来事が、前425年に起こった。ペロポネソス半島西南岸のピュロスをアテナイが占拠すると、スパルタは慌てて講和を申し出たのだ。ピュロスを拠点にしてアテナイがスパルタ国内のヘイロタイ（国有奴隷）に反乱を焚き付けることを恐れたからだった。アテナイが優位に立って戦争を終わらせる絶好のチャンスだったが、主戦民主派の指導者クレオンは、わざとスパルタに過大な条件を出して講和を突っぱねてしまった。

戦争を続行させたクレオンは、新たな戦費を調達するために、デロス同盟年賦金（フォロス）を1460タラントン（創設当初の約3倍）に増額した。それとともに、アテナイ市民の裁判員手当を2オボロスから3オボロスに引き上げた。この結果、市民の間では、クレオンの人気が絶頂に達し、戦争熱がますます高まった。半面、貴族ら富裕市民を中心に平和を望む声も広がった。臨時財産税など、戦争の経済的負担を直にかぶるのは富裕者だったからだ。

メロス対話

結果としてクレオンの主戦論は裏目に出る。前４２４年、アテナイは、ボイオティア地方デリオンでの会戦でペロポネソス同盟軍に敗れ潰走。エーゲ海北部トラキア地方の要衝アンフィポリスもスパルタに攻略された。前４２２年、クレオンは自ら軍を率いてアンフィポリスを奪回しようとしたが、敗北して戦死した。主戦派クレオンの死でアテナイ国内に和平論が強まり、前４２１年、穏健派の指導者ニキアスがスパルタと50年間の平和条約（ニキアスの和約）を結んだ。

しかし、この平和条約はあまり機能しなかった。スパルタ陣営ではコリントスなどが条約を不服として内紛状態となり、アテナイ陣営では主戦派指導者アルキビアデスが台頭してスパルタとの戦争再開を企てたからだ。

アルキビアデスは、アテナイの戦線を広げていき、前４２０年には、スパルタと対立するアルゴス、マンティネイア、エリスと同盟を締結した。これによって、スパルタとの平和条約は事実上破綻状態に陥ってしまった。

アルキビアデスが定めた次なる攻撃目標は、エーゲ海南部の島国メロスだった。メロスは、スパルタ寄りの国であり、アテナイ勢力圏のエーゲ海にありながら中立を表明していた。ちなみに、メロス島は現ミロス島のことで、イタリア語ではミロ島と言う。19世紀にこの島から出土したのが有名な彫刻「ミロのビーナス」だ。

前４１６年、アテナイはメロスに対して、デロス同盟に加盟して同盟年賦金を支払うか、戦争するか、という二者択一を迫った。中立という現状維持を懇願するメロスに対して、アテナイは強者の論理を振りかざした。歴史家トゥキュディデスは、その様子を次のように記している。

アテナイ「目前の事実に目を塞ぐことなく、現実的な解決策を考えてもらいたい。この世の習いでは、正義が問題になるのはお互いの力が等しいときだけである。現実には、強者はやりたいことをやり、弱者は譲歩を強いられる。われらの望みは、諸君を支配下に置き、互いのポリスが利益を分かち合えるようにすることなのだ」

メロス「われらがアテナイの傘下に入った場合、あなた方に利益があるのは分かる。しかし、われらも利益を分かち合える、というのはどういうことか」

アテナイ「なぜなら、諸君は殺戮されることなく従属の地位を得られるからだ。そして、われらは諸君を滅亡させずに搾取できるからだ」

メロス「われらを友として、平和と中立を維持させてもらえないだろうか。それでもあなた方は損をしないのではないか」

アテナイ「諸君から受ける憎悪などわれらには痛くもかゆくもない。それよりも、諸君への友情がわれらの弱さの証明だと、支配下ポリスに勘違いされてはそれこそ迷惑だ。諸君から憎悪されてこそ、われらの強さの証明となるのだ」

この会談は決裂した。戦争が始まり、結局メロスは無条件降伏した。アテナイは、逮捕したメロスの成年男子市民を全員死刑にし、女性と子供を奴隷にした。その上で、アテナイ市民５百人を入植させ、メロスをクレルキア（植民地）にした。

アルキビアデスの豹変

今やアテナイの第一人者となったアルキビアデス。彼は、名門アルクメオン家に生まれたが、早くに父を亡くし、一門のペリクレスを後見人として育てられた。ソクラテスの愛弟子でもあり、知識、富、名声、弁才、軍才に恵まれた上、眉目秀麗だったことから、市民の人気が高かった。しかしながら、その生活態度は放蕩で、これから述べるように無節操な人生を送った。

前４１５年、アルキビアデスの提案によってアテナイは、豊かな穀倉地であるシチリア島（イタリア）の制圧を目指して大遠征軍を派遣した。ところが、自ら遠征軍司令官に就任したアルキビアデスは、アテナイ本国において神像破壊事件の容疑者として涜神罪で告発されると、身の危険を察知してすぐさま敵国スパルタへ亡命。その上、スパルタに対して、アテナイの弱点を教え、シチリアへの救援部隊の派遣とアテナイの要衝地デケレイアの占領を進言した。

進言通りにスパルタがシチリアを救援した結果、前４１３年夏、アテナイのシチリア遠征軍は壊滅した。アテナイは実に、三段櫂船計１６０隻、それに乗る３万人以上の戦士を失った。アテナイ市民は当初、これほどの完敗が信じられず、敗報をデマだと疑った。それだけに、事実だと判明すると激しく狼狽した。ペロポネソス戦争の分岐点となる大敗だった。

この大打撃に加えて、さらなる衝撃がアテナイを襲った。シチリアで惨敗する前の同年春、スパルタ率いるペロポネソス同盟軍がアテナイ本土（アッティカ）に侵攻したのだ。しかも、ペロポネソス同盟軍は、これまでアッティカを荒らすと本国へ引き上げていたのに、アルキビアデスの進言に従って、アッティカ東北部にある要衝地デケレイアを占領して軍隊を常駐させた。これによって、スパルタ陣営がアッティカの農村地域を年中支配することになった。アテナイは本土の農地を完全に失い、陸上輸送路も遮断され、食糧を海上輸送に頼るしかなくなった。

前４１２年、このアテナイの窮地を待っていたかのように、デロス同盟から離脱するポリスが続出した。この離脱を促したのもアルキビアデスだった。さらに同年、スパルタはペルシアと同盟を締結。アテナイの海軍力に対抗するため、ペルシアの資金援助によって艦隊の建造を進めた。

苦境に立たされたアテナイ国内では、寡頭派が、無謀な戦争を繰り広げる民主派政権を批判。前４１１年、民主政を転覆し、寡頭派４百人による政権を誕生させた。しかし、この四百人政権は長続きせず崩壊し、早くも翌前４１０年には民主政が回復した。

ここまでアルキビアデスは、アテナイを窮地に追い込むことばかりをやっていた。ところが、信じがたいことに、このあと彼はアテナイに凱旋帰国する。その経緯と顚末を見ると——。

アルキビアデスは、亡命先のスパルタで厚遇されていたにもかかわらず、スパルタ王妃と密通し身籠もらせたため国外へ逃走。前４１１年、アテナイの寡頭派四百人政権に反対していた民主派トラシュブロスと結び、サモス駐屯のアテナイ艦隊に復帰。エーゲ海でスパルタ軍と戦い勝利を重ね、ビザンティオンを奪還するなど大きな戦功を挙げたため、前４０７年、アテナイ市民の熱狂の中、凱旋帰国。全権将軍となって、ペリクレスでさえ与えられなかった陸海両軍の統帥権を握ったが、前４０６年、ノティオン海戦の敗北で失脚して、またもや国外へ逃走。前４０４年、逃走先のペルシアでスパルタの刺客に暗殺された。

いったいアルキビアデスは、どんな信念を持ち、何を成し遂げたかったのか。政治姿勢が一貫していたペリクレスと比べると、奔放な振る舞いばかりが目立つ指導者だった。

アテナイ敗戦

前411年以降アルキビアデスが一時的に勢力を盛り返したものの、アテナイの旗色は悪くなる一方だった。

前406年、戦局を変えるためアテナイは伸るか反るかの海上決戦に打って出た。決死の思いで出港したアテナイ艦隊は、小アジア沿岸のアルギヌサイでスパルタ艦隊と激突し、久しぶりに大勝した。ところが、その直後に暴風雨が襲ったため、撃沈された軍船から海に投げ出されていた多くのアテナイ将兵が水死してしまった。

これに対し、アテナイ民会は弾劾裁判を開き、水死した将兵を救えなかった艦隊指揮官8人に死刑判決を下した。8人のうち2人は危険を察知して事前に逃亡したので、実際に死刑に処せられたのは6人だったが、その中には、ペリクレスが懇願して市民となった小ペリクレスもいた。このアルギヌサイ裁判によってペリクレスの家系は途絶えてしまったのだ。

ところで、弾劾裁判の手続きは制度上、裁判の実施を民会で可決した後、本来の裁判が開かれ、告発と弁明など被告一人一人に対する審理を経て市民が有罪か無罪かを投票することになっている。しかし、アルギヌサイ裁判は、これとは異なる手続きが民会で決議された。それは、裁判の実施を民会で可決しただけで、裁判での審理を一切しないで直ちに、しかも被告一人一人の実情をまったく無視して８人一括で判決を下す、というものだった。違法なのは明白だから、このとき偶然にも当番評議会議員だったソクラテスは猛反対したが、「民会決議を否定するのは不届き千万」という市民の熱狂が勝り、違法な手続きで裁判は強行されてしまったのだ。

そしてなんと、アテナイ市民はまたもや、死刑執行後になって判決を深く後悔した。違法な裁判手続きを民会に提案した市民を犯罪者として逮捕した。が、後の祭りだった。この裁判は、せっかくのアルギヌサイ海戦の大勝を台無しにしてしまった。戦局の好転は望むべくもなかった。

翌前４０５年、エーゲ海から黒海へ通じるヘレスポントス海峡のアイゴスポタモイで、アテナイ、スパルタ両陣営の最終海上決戦が行われた。結果は、スパルタの圧勝だった。この敗北でアテナイは制海権を失い、黒海からの食糧輸入ルートを遮断された。ついにはピレウス港もスパルタ艦隊によって封鎖され、アテナイの食糧は底をついた。アテナイ市民は飢餓に苦しんだ。

この期に及んでもアテナイでは、民会を牛耳る主戦民主派指導者クレオフォンが徹底抗戦を主張していた。和睦を求める寡頭派を中心とする市民は、政治工作してクレオフォンを処刑した。その結果ようやく、前４０４年、アテナイはスパルタに無条件降伏した。ペロポネソス戦争が終結したのだ。敗北したアテナイは武装解除と城壁破壊を求められ、デロス同盟も消滅した。

3　民主政の終焉

民主政の再生＝アムネスティア＝

前404年夏、スパルタ占領下のアテナイでは、寡頭派30人が全権を掌握し、民主政の仕組みを軒並み破棄していった。前411年に続くアテナイ史上2度目の民主政転覆である。貴族やプラトンも当初期待したこの政権は、しばらくすると常軌を逸した恐怖政治を行い、「三十人僭主（独裁者）」と呼ばれるようになった。民主派を弾圧しただけでなく、無実の市民を次々と処刑して財産を没収したのだ。処刑された市民はたちまち1500人を超え、国外追放者や亡命者も相次いだ。

やがて、トラシュブロスら民主派が、亡命先から帰国し、アテナイ中心市街北方のピュレの地を拠点に三十人僭主と対決し、内乱となった。民主派は数の上では劣勢だったが、次第に味方を増やしていき勝利を重ね、三十人僭主政権を解体に追い込んだ。前403年秋、スパルタの仲介によって、民主派は、三十人僭主解体後のアテナイ政権と、内乱終結の和解協定を結び、アテナイに帰還して政権を握った。アテナイ民主政は、スパルタも容認する形で、わずか1年で復活したのだ。

特筆すべきは、この和解協定に基づいて、三十人僭主政権下の行為に「アムネスティア（大赦）」を発令したことだ。一部の首謀者を除いて寡頭派市民の罪を許し、民主派市民の復讐を禁止したのだ。アムネスティアとは「ア（否定接頭辞）＋ムネスティス（記憶すること）」という言葉であり、記憶を消すこと、つまり過去の遺恨を水に流すことを意味する。現代の国際人権擁護団体アムネスティ・インターナショナルの名称は、このアムネスティアに由来する。

アムネスティアを発令した目的は、報復の連鎖を断ち切り、アテナイ市民団の分断を防ぐことにあった。前４１０年の四百人政権崩壊後において、民主派は、寡頭派指導者らを処刑し続け、「民主政を覆す寡頭派市民は殺しても罪に問わない」とまで民会で決議した。その結果、両派の溝は深まり、結局はさらに過酷な三十人僭主を生んでしまった。これを教訓に、民主派指導者は今回、アムネスティアを行い市民に厳守させたのだ。復讐ではなく、水に流すという選択を、民主派指導者がしたことで、アテナイ民主政は円滑に再出発し、その後も安定した。

もう一つ、民主派指導者が過去の教訓を生かしたことがある。一度の民会の感情的な判断によって国の進路を誤ることのないよう、民会決議に対する法の優位という原則を打ち出したのだ。

市民総会である民会は絶対的な権限を持つため、違法な手続きで判決を下したアルギヌサイ裁判のように、ルールに抵触することでも強引に決議してきた。しかし、それは往往にして、市民自身があとで後悔するような、問題の多い決議だった。だから、自分たちの一時の激情を制御して、より適正に決定できる仕組みが必要だと考えた。その仕組みが、法と民会決議とを明確に区別し、法を上位に位置づけることだった。民会決議といえども法に反するものは無効にする、という安全装置を設けたのだ。権力行使を制限する現代の「法の支配」に通じる仕組みといえよう。

以降、民会決議が違法かどうかを判断するのは市民裁判所の役割となったから、これまで以上に厳正に判決を下せる仕組みが必要となった。そこで、事前の買収工作を防ぐため、どの裁判員がどの裁判を担当するのか誰も事前に分からないように、裁判のつど複雑な抽選方法によって裁判員を割り振る仕組みなどを創設した。

敗戦にもかかわらず、このようにアテナイ民主政の仕組みは、より洗練・成熟していった。

ソクラテス裁判

ただし、市民の分断を防ぐためのアムネスティア（大赦）が実行されても、寡頭派に対する民主派のわだかまりが払拭されたわけではなかった。

前３９９年、プラトンの著書「ソクラテスの弁明」で名高いソクラテス裁判がアテナイで行われた。ソクラテスを告発したのは民主派市民で、告発理由は「ポリスの神々を崇めず、新しい神霊を信じ、青少年に偽りを説いて堕落させた」という涜神罪だった。

この裁判でソクラテスは処刑されたが、プラトンの著書などを読むと、衆愚なアテナイ市民の投票によって偉大な哲学者ソクラテスは不当な死刑判決を受けた、と憤らざるを得ない。実際、ソクラテスは少なくとも死刑に処せられるような罪は犯しておらず、明らかに不当な判決だった。とはいえ、この不当判決には、市民の衆愚のせいにするだけでは片付けられない背景もあった。

ソクラテスは、寡頭政を擁護し、民主政を批判する思想の持ち主であり、三十人僭主の首謀者クリティアス、さらにはアルキビアデスの師でもあった。民主派からすると、ソクラテスは三十人僭主の元凶なのに、平然として、相変わらず青少年ら人々をアゴラ（広場）でつかまえて「正義とは」「善とは」「知とは」などと議論をふっかけ持論を展開している。ソクラテスに議論で敗れ自分の無知を暴き立てられた人々は彼を激しく憎んだし、何よりもソクラテスの振る舞いは、三十人僭主に身内や知人を殺され財産を没収された人々の心を逆なでした。

アムネスティアのせいで寡頭派市民に報復できない不満が民主派市民には蓄積しており、そのはけ口として彼らは、涜神罪というアムネスティアに抵触しない理由を探し出して、ソクラテスを告発した。そのような側面がソクラテス裁判にはあったのだ。

ポリス時代の終わり

ペロポネソス戦争の勝利によってスパルタが全ギリシアの覇権を握ると、今度はスパルタに対する諸ポリスの反発が強まった。再びギリシアは内乱状態に陥る。ペルシアの支援を得て復興に成功したアテナイは、コリントス、テバイ、アルゴスと同盟を結び、前３９５年、スパルタと戦争（コリントス戦争）を始めた。窮地に陥ったスパルタはペルシアに援助を求めた。その結果、前３８６年、ペルシア王がアンタルキダス条約（大王の和約）を関係諸ポリスに半ば強制して結ばせ、コリントス戦争は終結した。大王の和約では、イオニアなど小アジアをペルシアの帰属とする――ペルシア戦争前の勢力図に戻す――ことなどが定められた。情けないことにギリシア諸ポリスは、超大国ペルシアの力を借りないと自らの問題を解決できなくなってしまったのだ。

前３７７年、アテナイは再び約70の諸ポリスと同盟（デロス同盟に次ぐという意味で第2次アテナイ海上同盟と呼ばれる）を結成した。デロス同盟の反省からアテナイは、加盟ポリスの独立を保障し、同盟年賦金を課さないことなどを誓約した。ところが、勢力を拡大するにつれてアテナイはまたも増長し、誓約に反する態度を取るようになった。このため、前３５７年、加盟ポリスの大半が離反し、アテナイと戦争状態（同盟市戦争）に陥った。結局、前３５５年、加盟国の大半が同盟離脱することで終戦となった。アテナイの国際的威信は再び失墜した。

絶え間ない戦争によって各ポリスでは、土地を失い市民身分から転落する者が増え始めた。それとともに、傭兵を導入する動きが強まり、市民戦士の共同体であるポリスの根幹が揺らぐこととなった。そうしたポリスにかわって、勢力を伸ばしたのがギリシア北方のマケドニア王国だった。

前３３８年、マケドニア王フィリッポス２世は、アテナイ・テバイ連合軍とギリシア中部のカイロネイアで会戦し、これを撃破。翌前３３７年には、自らが盟主となって、スパルタを除く諸ポリスとコリントス同盟を締結し、軍事・外交の実権を握って全ギリシアの覇者となった。ギリシア人でありながらポリスを形成しなかったマケドニア王国によって、ギリシア諸ポリスは事実上独立主権を失ったのだ。ギリシア史の主役だったポリスは、主役の座から退くことになった。

その後、フィリッポス２世が暗殺され、王位を継いだ息子のアレクサンドロス３世（後の大王）は、前３３４年に、マケドニアとギリシアの連合軍を率いて東方遠征を開始。イッソスの戦いなどでペルシア軍を次々と破り、前３３０年にペルシアを亡ぼした。その後、西はギリシア、エジプトから東はアフガニスタン、パキスタンに及ぶ広大なヘレニズムの大帝国を築いた。

前３２３年、アレクサンドロス大王が32歳の若さで急死すると、後継争いが激化した。これを契機に、アテナイを中心とするギリシア諸ポリスは、反マケドニアのラミア戦争を起こしたが、前３２２年に敗北した。降伏したアテナイは、マケドニア軍駐留下、上層市民９千人に参政権を限定する寡頭政に移行した。マケドニアの武力によって、民主政の仕組みは廃止されたのだ。

アテナイ民主政はこうして幕を閉じた。けれども、アテナイ市民が取り組んだことは決して無駄ではなかった。アテナイ市民は、「市民全員による支配」という市民自治の理念を、実現不可能だとあきらめず、その理念と現実との合致にひたすら努めた。そのおかげで民主政が生まれ、今の世になって、現代民主政治として復活するのである。

第２部　現代民主政治の構造

終章　市民自治の進展 ——デモクラティア（民主政）のその後

1　国（クニ）の系譜

古代ギリシアのポリスが衰退するとともに、そこで生み出された民主政（デモクラティア）は終焉を迎えた。後継者は古代ローマだった。古代ローマ人は、ポリスと同系統の、市民（キヴィス）が連合した国「キヴィタス」を構築した。市民が権力の淵源となる点ではギリシアと同じだったが、ローマは、貴族も平民も等しく政治参加する民主政は採用せず、貴族と平民が融合せずに共存する混合政体の形をとった。貴族でつくる元老院が強い決定権を握る一方、平民は民会を拠点に代表者を護民官というポストに就けて互いに牽制したのだ。そんなローマもやがて皇帝が君臨する帝国に変わり、ポリスやキヴィタスのような、市民が主柱の国は世界史から姿を消した。

日本語「国家」の問題性

ここまで本稿では、国家という言葉を使うのを避けてきた。というのも、日本語「国家」は多義多様に使われる不明瞭な言葉だからだ。それは、▽現在世界中の政治体制となっている「ステート」（主権国家）、▽「政治体制」一般、▽漢語伝来の「君主の家」——の意味が混在しているのだ。

【図表６―１】ステート（国家）とネーション（国民）

	ステート＝state	ネーション＝nation
主和訳	国家	国民
原意	支配のための政治機構（権力組織） ＝中央政府を指す：人民は含まず	文化の共有を自覚する人々の集団 ＝社会、共同体、集団を指す
・概念	機構概念	団体概念
今日の主な使用例	①中央政府　＜狭義＞〔原意〕 ②国民国家　＜広義＞ ＝政府（ほぼ中央政府を指す） ＋国民	①民族 →国を形成しているとは限らない ②国民 ＝国を構成する人々の集団 ③国民国家の意での使用も ＝国民 ＋政府（地方政府を含むことも）
・参考	アメリカ合衆国（米国） ＝ユナイテッド・ステーツ・オブ・アメリカ　（ＵＳＡ） ・米国は州（ステート）の連合	国際連合（国連） ＝ユナイテッド・ネーションズ（ＵＮ） ・国連はネーションの連合

　このうちステートは、16世紀西欧で発明され、1648年のウェストファリア条約によって国際的に認定された、世界史の新参者だ。それ以前から存在していた「身分＋共同体」を基盤とする政治体制――例えば日本の邪馬台国や大和王権、中国の漢や唐、ヨーロッパのフランク王国や神聖ローマ帝国など――とは全く異なり、ステートは、権力装置である政治「機構」、つまり政府を指し、国民や社会という「団体」を含まない概念として、登場した。

　近世に生まれた新たな政治機構ステートは、近代に形成されたネーション（国民）によってネーション・ステート（国民国家）へと発展した。それに伴い、ステートという「機構」概念と、ネーションという「団体」概念が融合し一体化する傾向が強まった。国民国家が世界全域に浸透した今日では、ネーション、ステートいずれの言葉も、国民国家という意味をも持つ。こうしたことから、ステートは現在、団体（国民）と機構（政府）を併せ持つ概念として、歴史的なあらゆる政治体

【図表6―2】ステートとポリスの相違

	ステート stato（伊）　state（英）	ポリス（古代ギリシア） キヴィタス（古代ローマ）
起源	近世	古代
発祥	欧州	地中海世界
・実態	絶対王政が枠組み構築 ＝官僚制と常備軍	古代ギリシア・ローマの市民団
・言葉	15・16世紀から使用	紀元前から使用
原意	支配のための機構・装置 ＝権力そのもの（中央政府） ※人民（被治者）は含まない	政治社会（権力含む社会） ＝公共（市民全員）の共同体 ※人民も含めた集団
概念	機構概念	団体概念
本質	人間がつくった人工支配機構	人間が必要とする共同体
研究主題	支配の手段・技術、権力操作術 （例）マキャベリ「君主論 ・利己的人間の秩序構築	人間の善き共同生活 （例）アリストテレス「政治学」 ・人間の倫理、政体の選別等
和訳	国家、近代国家、主権国家	都市国家、市民共同体、共和国

制を指す言葉として使われもする。

例えば、古代ギリシアのポリス――さらには古代ローマのキヴィタス――は、しばしば、現代の概念を投影して「都市国家（シティ・ステート）」と言い換えられる。けれども、本来の意味からすると、これは正確な表現とはいえない。ポリスは、市民団という人の集団「政治社会（共同体）」を指す「団体」概念であり、もともと「機構」概念であるステートとは根本的に異なるからだ。ポリスは、官僚機構や常備軍などの権力装置を持たない市民共同体であり、市民の井戸端会議といっていい民会で意志決定していた、ステートとは似ても似つかない国なのだ。

日本においては特に、政治機構というステートの原義をまったく理解しないまま、あるいは無視するかのように、ステートであってもステートでなくても、全ての政治体制を野放図に「国家」と表現する。だから、ステートの意味で「国家」という言葉を使った場合、人々がつくった政治機構というステートの原義を覆い隠し、古来の伝統的な共同体であるかのような誤解を与えてしまう。

仮に、都市国家、古代国家、律令国家などのように政治体制一般を指す言葉として「国家」を使うならば、ステートを「国家」と言うのは誤用だ。逆に、ステートを「国家」と言うならば、その他の政治体制は別の表現にすべきだろう。日本初のステートである明治国家は、それ以前の邪馬台国、大和王権、律令国家、幕藩体制などとは本質的に違うのだ。

さらに加えてやっかいなことに、日本語「国家」は、漢語伝来の「家としての国」「国を担う王家」という観念も持つ。このため、国民は家長である君主の子供、という家族国家観が普及する要因ともなった。その上、人々が従うべき自然の秩序、という伝来の意味を引きずることにもなった。

ちなみに、日本語「国家」は江戸時代、今日言う「藩」を指す言葉として使われていた。藩と言い出したのは明治以降のことであり、江戸時代には藩という制度はなく、国家とは藩（大名家の家産・領地）を意味していたのだ。江戸時代の米沢藩主上杉鷹山――ケネディ米国大統領が最も尊敬した日本人政治家――が残した「伝国の辞」（藩主の心得）でも、「人民は国家に属したる人民にして我私すべき物にはこれ無く候（領民は藩に属するもので藩主の私物ではない）」などと、藩を国家と表記している。

以上のように、日本語で国家と表現しても、それがステートか、政治体制一般か、伝来の家産かによって、文章の意味・文脈が異なってしまうのだ。なので、本稿では、ステートを「国家」、政治体制一般を「国」と区別して表記する。それを踏まえた上で、国の歴史をざっくりと述べていこう。

【図表６―３】国（クニ）の歴史的系譜

	古代	中世	近世	近代	現代
概念	国（クニ）＝　政治体制全般				
	帝権・王権　＋　共同体・身分 ※ポリス、キヴィタスは例外形態 ＝帝権・王権に従属しない、独立した自由な市民共同体		国家（ステート） 絶対主義国家 →王への集権	国民国家（ネーション・ステート） →国民が国家の構成員に	
目的役割	支配の継続		中央政府の構築 ステートの形成	国富の拡大 近代化の推進	国富の配分 生活条件の公共整備
中核政策	支配基幹政策 ①貢納・徴税 ②治安・軍事		国内統一政策 ①行政・軍事機構地方制度の創設 ②国語、法制、通貨等の統一 ③道路、港湾、通信等の整備 ④教育制度の確立	経済成長政策 ①資本蓄積 ②技術開発 ③交易の推進と制御	公共政策 ①社会保障 ②保健・環境　等 ※国家機能の分解 ・自治体の自立化 ・国際機構の常設化と役割向上
政治発想	人間を超越した天・神の秩序 （旧慣・伝統、宗教・呪術）		国家主権 （絶対無謬の国家）	階級闘争 （制限選挙）	国民主権 （男女普通選挙）
形態	都市国家、ポリス、キヴィタス 帝国、王国など	帝国、王国、封建領主など	王国など	共和国、君主国など	

農村型社会と国（クニ）の成立

人類が農耕・牧畜を始め、それが灌漑農業に発展すると、余剰農産物によって人口が増大し、やがて都市、社会階級が生まれ、国（クニ）が成立した。

こうして成立した国は、帝権・王権と共同体・身分とで成り立っていた。すなわち、人々（ほとんどが農民）が暮らす地域の「共同体（ムラ）」と、そのムラを治める「身分（領主層）」によって日常の秩序を維持し、「帝権・王権（君主）」が最上位に君臨して支配した。この体制は、呪術・宗教によって支えられ、人間を超えた神・天の秩序とされた。

したがって、伝統が途切れないように支配を継続することが国の至上命題であり、君主といえども基本的に「共同体＋身分」の伝統には不可侵だった。領主らの身分特権を認め、年貢の徴収に力を入れても共同体そのものを破壊することはなかった。国の仕事は、支配を継続するための年貢の徴収や治安・軍事が中核であり、そのほかは、年貢の徴収を増やすための治山治水・灌漑、幹線道路造り、支配者の権威を見せつけるための巨大な古墳・神殿造りぐらいだった。

共同体（ムラ）における人々の生活は、ムラ自治と地域自給で成り立っており、共同体内部で完結していた。だから、共同体で暮らす人々は、政治に関与しなくても生活に困ることは全くなく、政治には無縁で、支配層に任せっきりだった。

こうした、伝統が支配する変化しない社会、言い換えると、日々同じ悠久の伝統社会を、政治学者の松下圭一は「農村型社会」と名付けた。

ポリス、キヴィタスの特異性

農村型社会で帝国や王国といった国が世界中に広がる中、異彩を放ったのが、古代ギリシアのポリスと古代ローマのキヴィタスだった。ポリスもキヴィタスも、帝権・王権に従属しない独立した自由な市民の共同体という、世界史上類のない独特の国だった。この国の在り方を古代ローマ人は、「市民みんな（公共）のもの」つまり「公共社会」を意味する「レス・プブリカ」——英語リパブリック（共和国、共和政）の語源——と呼んだ。（共和国は現在、非君主国の意で使われるが、本来は「市民みんなの国」を意味した）

必然的に、ポリスやキヴィタスでは、構成員である市民みんなが共有する「公共」という概念が

【図表６—４】「公共」モデル

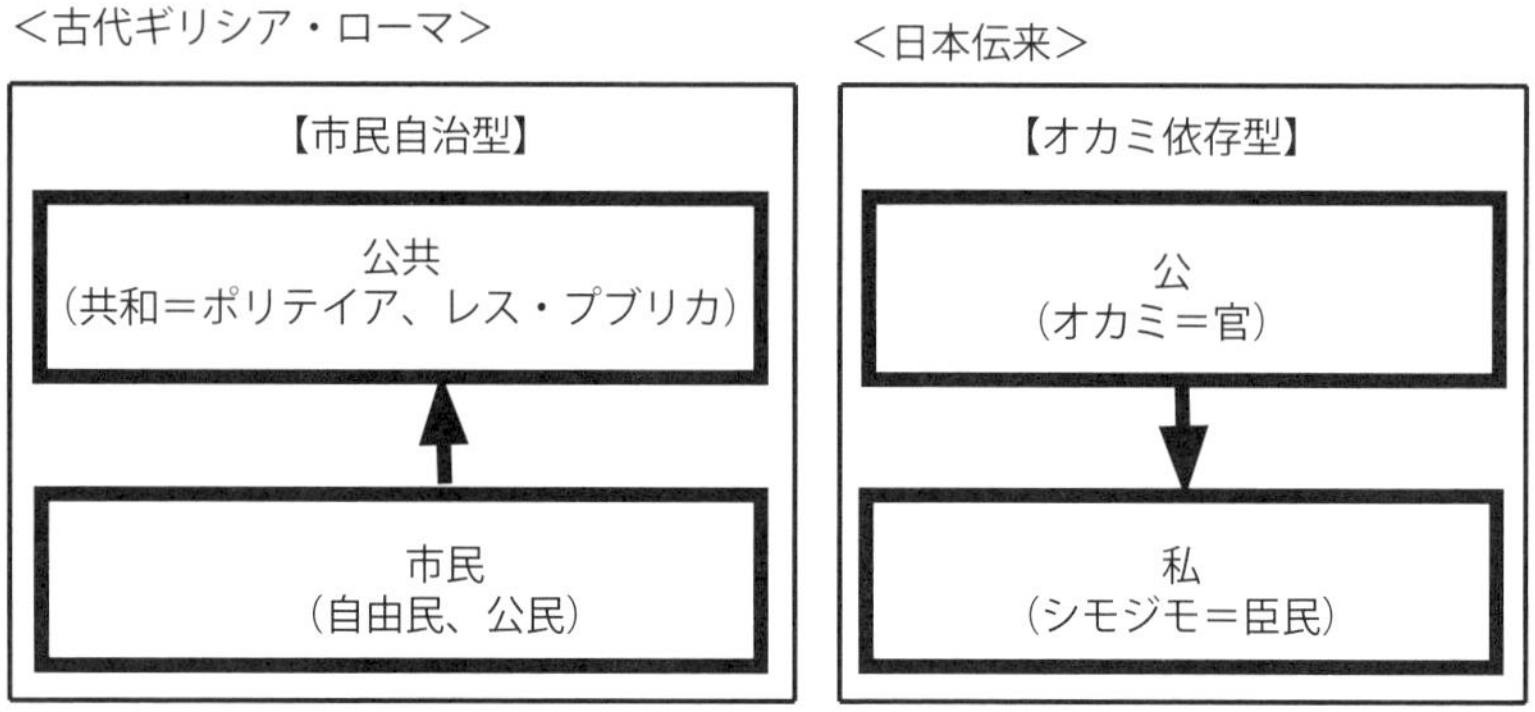

自立した市民が公共を創り、公共を担う
市民が主体となって公共活動に取り組む

オカミの官「公」がシモジモの民「私」を支配
オカミ依存の「私」は公共とは無関係な客体

生まれ、その市民共通の公共課題を市民みんなで自己解決する「自治」が営まれた。そこでは、市民団が定めたルール（法、慣習、掟）に、為政者（権力者）も含めて市民みんなが従った。

　これに対して、他の国々では、国とは、公共（みんな）のものではなく、権力者（オカミ）の私有物だった。権力と公共はオカミが独占し、恣意的に支配した。

——日本でも「公」とはオカミを意味した。古代律令制の理念「公地公民」の公は天皇を、「公儀隠密」「公方」の公は将軍を指した。現在でも行政の助成支援を「公助」と表現する——

国家（ステート）の登場

　古代ローマのレス・プブリカ（共和国）が帝国化し、その帝国も滅亡すると、ヨーロッパは、キリスト教会と領主が支配する中世の封建社会へ移行した。その中世が長く続いた後、近世になって、教会や領主の干渉を排除して権力集中を進める国王――絶対王政――が登場した。

絶対王政は、官僚制（行政機構）と常備軍（軍事機構）という権力装置、すなわち国家（ステート）の枠組みを構築した。そして、それを活用して、領主の身分特権を剥奪し、共同体の領民を直接支配しようと企てた。農村型社会の「身分＋共同体」を切り崩し、国家による統一的な権力構造をつくろうとしたのだ。

こうして絶対王政が強権によってつくり出した国家は、権力そのものだった。その土地と人民は支配の対象にすぎず、主権を握る国王の財産（家産）だった。その国家はやがて、▽国語、法制、通貨などの統一、▽道路、港湾、通信などの整備、▽義務教育や大学など教育制度の確立――といった国内統一政策を推し進めた。

「神の国」から「人の国」へ

絶対王政を理論的に支えたのが、国王の支配権は神から授けられた神聖不可侵のものである、とする王権神授説だった。この説では、国王は神に対してのみ責任を負い、国王の命令には人民は絶対服従しなければならない、とされた。それは、神の定めるところにより、初めから国が存在し、生まれながらの支配者（国王）がいる、という考え方だった。

この王権神授説を真っ向から批判したのが、自由・平等な個人が契約によって国をつくりだす、とする社会契約説だった。社会契約論者ホッブズは著書「リバイアサン」で次のように説いた。

人間は自分の生命を守る自己保存の権利（自然権）を持っているが、自然状態では「万人の万人に対する闘争状態」に陥ってしまうので、そこから抜け出すため、契約を結んで政治社会（国）をつくった。そして、その社会に秩序を与える――契約の履行を確実にする――ために、法律を作って執行する代表（主権者）に、個々人の自然権を譲渡して絶対服従しなければならない、と。

主権者への絶対服従を説いたこの理論は、主権者とは国王のことだとみなされて、結果的に絶対王政を擁護することになったが、一方で、それまでの考え方を大転回させる衝撃的なものだった。

第1に、国の神秘性を払拭した。国を、初めから自然にある神聖なものではなく、契約によって人間がつくった「人工物」と位置付けた（人による国）。その上、自身の生命の維持という個人の自然権を守るためだけに国は存在すると規定した（人のための国）。言うならば、従来の「神の国」という考え方を全面否定し、人のために人によってつくられた「人の国」としたのだ。

第2に、政治の主体を従来の「身分」から「個人」へ変換した。自然権を持つ個人が契約によって国をつくる、という理論構成によって、政治の姿を決めるのは、神でも、王や領主・貴族ら支配層が形成した身分でもなく、個人だと宣言したのだ。

第3に、従来の貴族らの「身分特権」に代わって、人間の誰もが生まれながらに持っている「人権」という考え方を打ち出した。国がつくられる以前から各個人は「自然権」を持っていると説き、自然権を天賦の権利としたのだ。

国民国家の成立

近代になると、社会契約説に支えられて、アメリカ独立戦争やフランス革命などの市民革命（ブルジョア革命）が勃発。その過程で、ネーション（国民）が形成され始めた。ネーションとは、もともとは同郷の人々を指す言葉で、後に、文化の共有を自覚している人々の集団とか、国を構成する人々の集団という意味で使われるようになった「団体」概念だ。

ネーション形成の代表例としてはフランスを挙げることができる。フランス革命によってフランスの人々は、身分や生まれた地域を超えて、同じ国民だという意識を高めた。とりわけ彼らは、ヨーロッパ諸王国による反革命の武力介入に対して、祖国を防衛しようと立ち上がり、「国家の一員である」という自覚、つまり国民の自覚を強く持った。革命によって旧体制（アンシャンレジューム）を打破し、自らの国家をつくったという革命体験が国民のアイデンティティーとなったのだ。

その結果、これまでの国王に代わって、国民が国家の担い手となるネーション・ステート（国民国家）が成立した。国民国家が取り組んだのは、経済成長に向けた近代化政策だった。生産力の拡大、技術革新、殖産興業などによる国富の拡大を目指し、農業主導の地域自給経済から工業主導の国民経済への移行を国家政策として推し進めた。その一方で、工業化のための資本を確保せざるを得ないことから、搾取が進み、労働者や農民は深刻な貧困に苦しんだ。国家を担う国民とは、その実態は資本家や地主にすぎず、制限選挙などによって労働者や農民は排除された。

国民国家の変容

労働者や農民は猛反発し、待遇改善や政治参加を強く求め、階級闘争を展開した。その結果、国家としても次第に、労働者や農民の要求を取り入れざるを得なくなった。国民を総動員する体制

【図表６―５】国家（国の政府機能）の上下分解

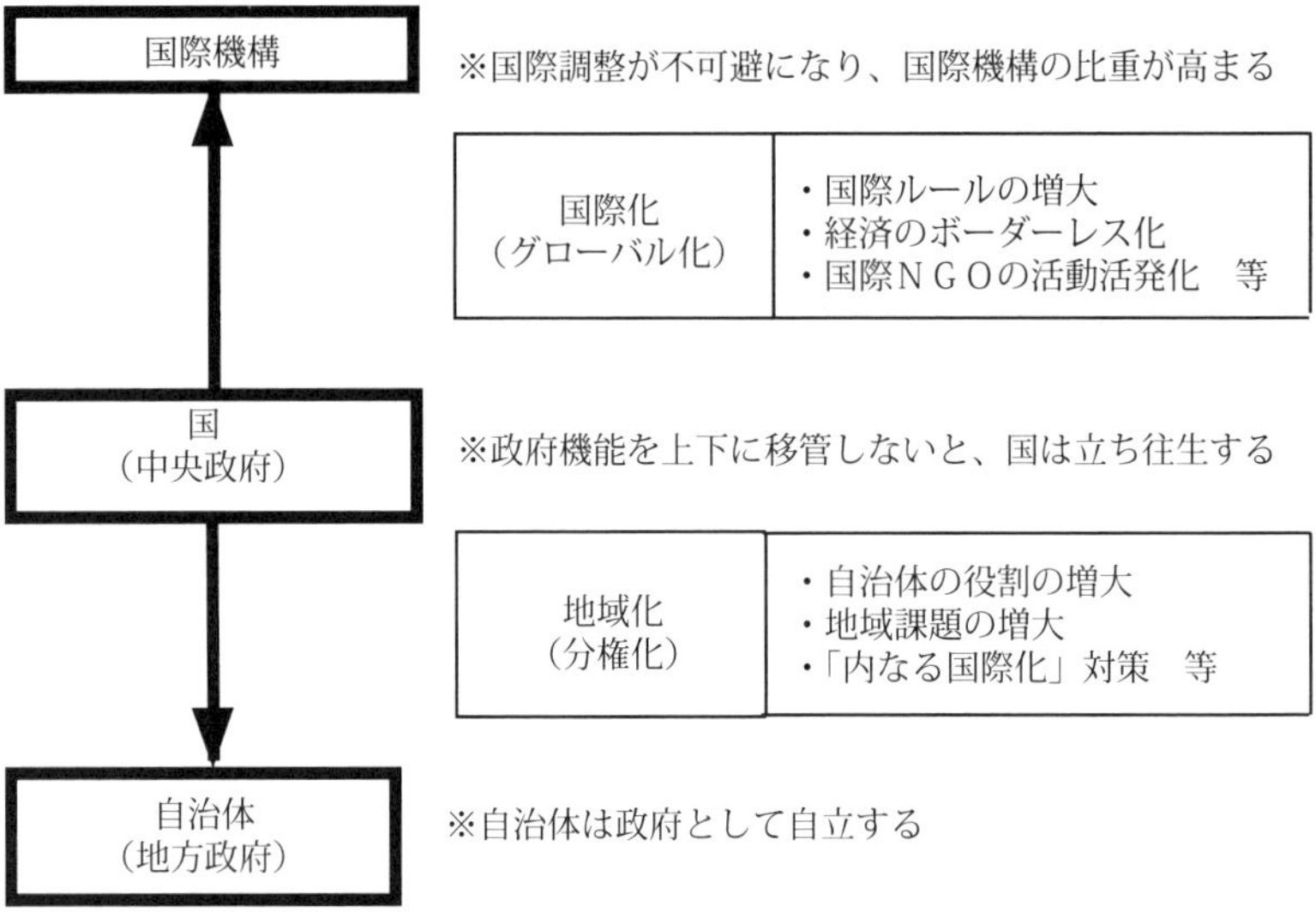

整備が必要だったからだ。そうしないと国家は、国民生活に犠牲を強いるような工業化は強行できなかったし、総力戦となる近代戦争も遂行できなかった。したがって、国民の政治参加を認める憲法の制定や議会の開設など、民主化を進めざるを得なくなり、制限選挙から普通選挙へ国民の参政権を広げていった。国民すべてが主権者と位置付けられるようになっていったのだ。

　一方、近代化の進展につれて、農村型社会の解体が始まり、共同体の相互扶助は壊滅していった。その結果、国家が新たに国民の生活条件を公共整備しなければならなくなった。20世紀の福祉国家に典型されるように、労働権の保障、所得政策、社会保障制度、福祉政策、公害対策、環境保全など、国民生活を保障する政策――国富を国民に再配分する政策――

が不可欠になったのだ。

このように、権力の取り組むべき政策課題が膨張すると、その課題の解決を国家だけでは担いきれなくなる。まず、介護や福祉のように地域現場できめ細かく対応しないと解決できない問題が急増するため、国から自治体へと分権して、身近な行政を素早く展開する仕組みにしないと、国民生活が守れなくなった。また、一国では対応できない地球規模の課題も増大するため、国際機構の役割が高まり、各種の国際機構が常設化された。例えば、貿易には世界貿易機関（ＷＴＯ）の国際ルールが必要となる。世界保健機関（ＷＨＯ）の医療支援体制がなければ、国境を越えて世界規模で発生する感染症にも対応できない。このほか、地球温暖化防止、途上国支援、人権擁護など、各国は、国際機構などを拠り所にして国際協力するしかなくなる。

以上のように、自治体が国家から自立するとともに、国際機構が国際的な政策を担うようになる。言うならば、国民国家の政府機能は上下に分解し始めるのだ。

2　市民の系譜

3つの「市民」

日本語「国家」と同様に、日本語「市民」は、主に3つの意味が混在している。第1は、行政区画である市町村のうち市の住民を指す市民。第2は、英仏語ブルジョアの翻訳語である市民。第3

【図表６―６】翻訳語「市民」の２つの系譜

	シトワイヤン（シティズン）	ブルジョア	（参）その他
概念	規範概念、人間型概念	歴史概念、階層概念	行政概念
意味	共通の公共・政治理念を持つ人 ＝自らの意志で政治参加する人	近代の資本家	市町村民のうち 市の住民
語源	「シテ」（古仏語）の構成員 シテ＝ポリス、キヴィタス	「ブルグ（城）」内に住む人 →商工業者	※町の住民は町民 ※村の住民は村民
用例	市民権、市民感覚、 市民運動、フランス市民	市民革命(ブルジョア革命) 市民階級(ブルジョアジー)	京都市民 金沢市民

は、英語シティズンや仏語シトワイヤンの翻訳語である市民だ。

このうち、第1は、例えば京都市に住んでいる人を京都市民と言うように、誰でも分かる行政概念だ。不明瞭なのが、第2のブルジョアと第3のシティズン、シトワイヤンとの違いだ。

ブルジョアとは、もともとは都市の城塞（ブルグ）の中に住む人を指した。彼らは、主に商工業者で、これが後に近代に入って「資本家」を指すようになった。この外来語ブルジョアを日本では「市民」と翻訳した。分かりやすい用例では、ブルジョア階級を市民階級、ブルジョア革命を市民革命と日本では言い表す。このように、ブルジョアは歴史的な階層・階級概念だ。

一方、シティズンやシトワイヤンとは、共通の公共理念や政治理念を持って、社会（国）を担う一員（構成員）のことだ。主体的に政治参加するのが特徴で、古代では、ギリシアのポリスの構成員（ポリタイ）や、ローマのキヴィタスの構成員（キヴィス）が、シティズンとしての市民だった。ちなみに、ポリスやキヴィタスを意味する古仏語「シテ」が語源となり、その構成員を仏語ではシトワイヤン、英語ではシティズンと呼ぶようになった。自国民のことを、日本では日本国民と表現するが、フランスではフランス市民と言う。フランス共和国の構成員（シトワイヤン）だからだ。

シティズンは、都市に住もうが農村に住もうが、商工業者であろうが農民であろうが、資本家であろうが労働者であろうが、関係ない。つまり、シティズンは普遍的な人間型を示した規範概念であり、ブルジョアとは別の概念だ。その違いを例示するとすれば、近代では資本家であるブルジョア（市民）が公共社会を担うシティズン（市民）であった、ということができる。フランス革命の「人権宣言」は正確には「人間と市民の権利宣言」と言うが、ここでの市民とはシティズンのことで、ブルジョアではない。日本で「市民権」「市民感覚」「市民運動」などと言う場合の市民も、シティズンの意味だ。本稿で取り上げているのは、シティズンとしての市民である。

民主政治の前提となる人間型

では、市民(シティズン)とは、どのような人々のことを指すのだろうか。概して言えば、市民とは、一人一人が「自由・平等」であることを互いに認め合い、社会の課題を自力で解決する「自治能力」と、その課題解決へ向けてみんなで協力する「連帯意識」とを持つ人と言えよう。言い換えると、市民とは、自ら政治を担う意欲と能力を備え、私利私欲に走らず市民みんな（社会全体）のことを考える人のことだ。

こうした市民の存在なしに、民主政治を成り立たせることはできない。つまり、市民とは、民主政治の前提となる人間型なのだ。どうしてかと言うと

民主政治とは、市民みんなのために市民みんなが市民みんなを自ら治める仕組み――人民の人民

による人民のための政治――のことだ。したがって、その民主政治を機能させるには、私利私欲に走らずに市民みんな（公共）の利益を考える人でなければ、しかもなおかつ、そのための政策を実践できる自治能力と克己心のある人でなければ、不可能だ。

民主政治では「その国の政府は、その政府を選んだ国民の資質を反映する」とよく言われる。愚かな国民（愚民）からは愚かな政府がつくられ、賢い国民（賢民）からは賢い政府がつくられる。ここでいう賢民が市民という人間型である。

愚民を前提としていては民主政治は成り立たない。他人や社会に害を及ぼして私利私欲に走る愚民ばかりでは、選挙一つを取り上げても買収が横行する金権腐敗政治に陥るのは必定だ。

とはいっても、私利私欲がゼロで公共心ばかりで行動する神様のような人はいないだろう。要は、社会全体の幸福を考えて私利私欲を自制することができる「資質」があるかどうかだ。

その意味で、市民は、夢のような期待される「理想」ではなく、民主政治の前提となる、考え方の枠組みとしての手本・規準となる「規範」といえよう。神のように完璧な市民はあり得ないので、永遠に未完にとどまる規範だ。つまり、市民とは、民主政治を正しく機能させるために、このようにありたいと私たちが手本・規準として目指すべき規範人間型なのだ。

余暇と教養

では、市民という規範人間型が成熟する条件はなんなのだろうか。西洋では古来、市民は「余暇と教養」を持つ人と考えられた。つまり、豊かな財産に支えられた生活の充足（経済的自立）を背景に、余暇（時間的余裕）を持ち、教養（知識や知恵）を高めた人だ。彼らは、自発的に政治参加（政治的自発性）したから、地域現場で自治を実践する政治訓練を蓄積し、自らの課題を自ら解決する自治能力を身に付けた。こうして、経済的にも政治的にも人格的にも、自立した市民が成熟した。以上を逆に言えば、貧困と無知からはけっして市民は生まれないことになる。

公職者（為政者）を市民から抽選で選んだ古代アテナイにしても、けっして、無知で無能な人々が公職に就いていたわけではなかった。市民ならば当然、公職をこなせるだけの素養・教養を備えている、とみなされていた。いわゆる「読み書きソロバン（計算）」という基礎知識は子供の頃から教育されており、公務に必要な自治能力もデモス(市町村)で政治経験を積む中で獲得していった。

特権支配層から普通人へ

世界史上、市民は特殊な人間型だった。日本も含めて東洋ではほぼ無縁だったし、西洋でもごく一部に限られる希有な存在だった。これまでの歴史の中で市民と呼ばれたのは、古代ギリシア・ローマの武装市民団、中世欧州自由都市の都市貴族・商人、近代資本主義社会の資本家ぐらいだった。古代ギリシア・ローマでは、国の一員として国を守る戦士が市民となって政治を動かした。中世自由都市では、市民となった貴族や商人によって都市自治が営まれた。近代資本主義社会では、資本家が市民として国政に参加し自由主義経済を推進した。

このように、市民とは歴史上、閉鎖的な特権支配層であり、特殊な存在だった。それなのに、どうして市民は私たちが目指すべき普遍的な規範人間型なのか。それは、彼らが、自らの支配層内部

【図表6―7】市民（シティズン）の歴史的系譜

	古代	中世	近代	現代
発祥	ギリシア・ローマ	ヨーロッパ	ヨーロッパ	欧米日等
基盤	ポリス、キヴィタス	自由都市	資本主義社会	都市型社会
実態	戦士市民	都市貴族	資本家・地主	サラリーマン等
身分	特権支配層	特権支配層	特権支配層	一般人

に限るとはいえ、自由で平等な個人として互いに尊重して認め合う関係を構築し、そうした公共社会の中で「治めかつ治められる」という自治を貫徹したからだ。民主政治が普遍的な政治体制となった現在、民主政治を担う市民も普遍的な規範人間型になったのだ。

特筆すべきは、現代では、誰もが「余暇と教養」を持ちうる存在になったことだ。先進国に限られるとはいえ、工業化と民主化の進展によって、市民が大量成熟する可能性が広がったのだ。その結果、歴史上初めて、閉鎖的な特権支配層ではなく、サラリーマンなど一般の普通人が市民となる条件を獲得。実際にも彼らは、公共の担い手としていつでもどこでも活動するようになった。

市民の「徳」と民主政治

政治、中でも民主政治を担う市民に「資質」が必要不可欠なことを、政治思想家はこぞって指摘している。この資質を、古代ギリシアでは「徳（アレテ）」と呼んだ。

アリストテレスは、政体（制度や仕組み）だけでは善い政治を実現できず、その制度を動かす市民の徳が必要だ、と説いた。彼は「人間は本来ポリス（共同体）的動物である」と主張し、多様な市民が寄り合ってつくりあげるポリスの政治から切り離されることは人間にとって善くない、と考えた。そして、ポ

【図表6―8】アリストテレスの政体分類

支配者数	健全な政治形態 ＜市民共通の公共利益を追求＞	堕落した政治形態 ＜支配者の自己利益を追求＞
1人	王政　：basileia	僭主政：tyrannis
少数者	貴族政：aristokratia 最上者 (aristoi) の支配 (kratos)	寡頭政：oligarcha 少数者 (oligoi) の支配 (arche)
多数者 （全員）	国制　：politeia ＝富裕・貧困でない中産市民の支配	民主政：demokratia ＝貧民の支配（衆愚政）

リスの政治は、権力者の利益（私利）を追求するのではなく、市民団共通（公共）の利益を追求しなければならない、と強調した。現代においても、権力者が自分の支持層のみの利益を目指すのは悪い政治と言うのと、同じだ。

その上で、図表のように「アリストテレスの6政体」といわれる政体分類をした。この中で彼は、権力を私物化して権力者の利益を追求する――市民の徳が欠如した――悪い政体として、僭主政、寡頭政、民主政を挙げた。これに対して、市民みんな（公共）の利益を追求する――市民の徳が備わった――善い政体として、王政、貴族政、「国制（ポリテイア）」を挙げた。

アリストテレスは、市民が等しく政治に参加できる方がよいと考えたから、6政体のうち最も善い政体を、富裕でもない貧困でもない多数の中産市民が支配する「国制」とした。この政体を彼は「国制」と呼んだが、今日では、民主政治（デモクラシー）とされる政体だ。つまり彼は、徳のない多数の貧者が支配する政体を民主政（デモクラティア）と呼び、衆愚による悪い政体としたけれども、市民の徳さえあれば、民主政治（「国制」）が最善の政体だと考えたのだ。

服従に慣れ切った人には民主政治はできない

近世の政治思想家マキャベリは、支配されるだけの服従に慣れきった人には民主政治を行う能力がないと断じた。著書「ディスコルシ」で「君主政の支配に甘んじている人民は、たまたま解放されたとしても、自由を維持していくのは困難である」（１巻16章）と記した。

18世紀フランスの政治思想家モンテスキューは、著書「法の精神」の中で、各政体の基本原理（政治を動かす精神）として、「専制政治＝恐怖」「君主政治＝名誉」「貴族政治＝節度（中庸）」を指摘し、民主政治（共和政治）については市民の「徳性」を挙げた。

18世紀フランスの政治思想家ルソーは、民主政治の前提として、神々のような完璧な徳性を持つ市民を想定し、著書「社会契約論」で「もし神々からなる人民があれば、その人民は民主政をとるであろう。これほどに完全な政府は人間には適しない」（３編４章）と述べた。

19世紀英国の政治思想家ＪＳミルは、著書「自由論」の中で、自分自身の問題を自ら処理することに慣れている国民としてアメリカ人を挙げ、「政府がない状態に放置しておくと、アメリカ人の集団ならすぐさま政府をつくりあげ、政治その他の公的な業務をしっかりとした知性と秩序と決断によって処理することができる。これこそ、すべての自由な国民のあるべき姿である。また、こういうことができる国民はまちがいなく自由だ」（５章）と説いた。自由の実現には市民の自治能力が不可欠だと訴えたのだ。その上で、「国家の価値とは、究極のところ、それを構成する一人一人の人間の価値にほかならない」（同）と述べ、市民の資質の重要性を強調した。

レーニンの苦悩

一方、世界初の社会主義革命ロシア革命（1917年）を指導した政治家レーニンは、現実に「市民の資質」の問題に直面した。彼は市民の資質の重要性を認識しており、すべての人が資質を備えて国政参加する、という社会主義国家の建設に燃えていた。

「資本主義の発展は、すべての人が本当に国家の統治に参加できる前提条件をつくり出す。その前提条件の一つは、最も先進的な資本主義諸国で既に実現しているように、だれでも読み書きできることであり、次には、幾百万の労働者が『教育と訓練』を受けていることである」（『国家と革命』5章4節）

しかし、革命後には、ロシアにおける現実を前に、市民の資質を「文化水準」という言い回しで、次のように悲観せざるを得なくなった。

「全住民が行政に参加するときにだけ、われわれは官僚主義と徹底的にたたかうことができるが、今までのところ、勤労大衆が行政に参加できるようにすることには成功していない。法律以外に、なお文化水準というものがあって、それはどういう法律にも従わせることができないのである。ソビエトは、綱紀によれば勤労者による行政機関でありながら、この低い文化水準のために実際には、勤労大衆によってではなく、プロレタリアートの先進層による勤労者のための行政統治機関となっている」（1919年ロシア共産党第8回大会）

諸外国において、自由と平等を求める運動あるいは革命が成功しても、それがなかなか持続・定着しない一因は、いわゆる「読み書きソロバン」といった基礎知識や自治能力を広く国民が持っていないこと（国民の政治未熟）にある。レーニンが痛感したように、民主政治の実現に向けて国民主権を日常的に発動するためには、日常的に政治参加する国民の政治成熟が必要不可欠なのだ。

3　民主政治の系譜

市民が権力の淵源となる特殊な国ポリスで、市民が生み出したのが、市民自治の仕組み「デモクラティア（民主政）」だった。それは現代に再生されたが、古代ギリシアで生み出されたそのままに復古したわけではない。その後の人類の歴史の中で、新たな思想・制度が編み出され、その遺産の積み重ねによって、現代の民主政治は形成されたのだ。ざっくり述べると、現代民主政治は、次（図表）のような構造になっている。

権力への「市民参加」

古代においては、市民が主柱となる特殊な国がギリシアとローマで形成され、そのうちギリシアでは民主政が発明された。民主政は「デモス（市民団＝市民全員）による支配」の仕組みであり、言い換えると、市民全員が主権者という「人民主権」の原則に立つ政治体制だった。

民主政は「市民参加（市民自治）」という政治原理によって成り立っていた。すべての市民は法の下に平等であり、政治に参加する権利が等しく与えられた。こうした市民の平等な政治参加があ

【図表６―９】民主政治の歴史的系譜

	古代	中世	近代	現代
発祥地	ギリシア・ローマ	ヨーロッパ	ヨーロッパ	ヨーロッパ
政治原理	市民参加 （市民自治）	法の支配	個人自由	生活保障
政治思想	民主主義 （共和主義）	立憲主義	自由主義	社会主義
権力観	権力への自由 （権力への参加）	権力の制限	権力からの自由	権力による自由 （権力の責務）
権利等	参政権	憲法　→抵抗権	自由権	社会権
概要	○治者と被治者の一致 ＝市民全員による支配 ・自らのことは自らが決める政治 ＝権力は市民に由来する	○勝手なことをしないよう権力者の力を縛る ＝契約に基づく権力 →権力者が勝手なことをしたら抵抗してもよい	○「個人」が自由に行動しうる政治空間（内面自由）の保障 ＝権力の介入を禁止する領域の確保	○生活条件の公共整備 ＝公共政策の実行 ・雇用、貧困 ・社会保障 ・保健衛生 ・環境保全　等
事例	○市民同権 ○公開討論と多数決 ＝合意手続きのルール化	○憲法による権力行使の制限 ○権力分立　等	○思想、信仰、集会、結社、表現の自由　等 （苦役、検閲の禁止等）	揺り籠から墓場まで ナショナル・ミニマム シビル・ミニマム
参考	市民全員の共同体	マグナカルタ、議会	市民革命、人権宣言	福祉国家、市民運動
成果・効用	○人民主権 ○言葉による合意形成 ・武力闘争から多数獲得競争へ	○権力暴走の歯止め ＝恣意的支配の抑制 ＝脱「専制・人の支配」	○人権の確立 ・人を個人として尊重 ・少数者意思の尊重 ○代議制民主政治	○人権の拡大 ・主権者である国民の生活と政治の安定 ○大衆民主政治
担い手	戦士市民	特権貴族（領主等）	資本家・地主等	国民
主機関	市民総会「民会」	身分制議会	国民議会（制限選挙）	国民議会（普通選挙）

ればこそ民主政は実現できた。そこでの自由とは、誰からも支配を受けないこと、つまり市民として政治（支配＝権力）に参加することを意味した。それは今日「権力への自由」と言われる。

古代ギリシアの後継者たる古代ローマも、市民参加という政治原理によって成り立っていた。民主政は採用しなかったものの、古代ギリシアと同様に、国は「市民みんなのもの（レス・プブリカ＝共和国）」であり、権力が市民に帰属する人民主権の政治体制だった。

立憲主義による「権力の制限」

中世になると、ヨーロッパで立憲主義という新たな思想・制度が胎動した。立憲主義とは、権力者の暴走を防ぐため、憲法によって権力の行使を制限することを指す。言い換えると、支配者が恣意的に権力を行使する「人の支配」から脱して、支配者であっても被支配者と同様にルールに拘束される「法の支配」という政治原理に従うことだ。歴史的には、「憲法（根本法）」と「議会」によって支配者は「権力の制限」を受けた。

立憲主義は、現代では民主政治に不可欠の要素となっているが、中世の段階では、一般人にはまったく関係がなく、民主政治とは無縁の思想・制度だった。

第1に、憲法は、勝手なことをしないように権力者の力を縛るのが役目だが、中世においては、領主（貴族）らが自身の「身分特権」を守るために、身分特権を侵害しようとする国王の権力を制限するものだった。憲法によって守られたのは、すべての人間の人権ではなく、不平等な身分社会における貴族ら一部の人間の権利・自由にすぎなかったのだ。

その代表例が、1215年に英国で制定され、後に英国憲法の土台となったマグナカルタ（大憲章）だ。ジョン王に貴族や聖職者らが共同で要求を突きつけ、身分特権を国王に確認させた勅許状――いわば契約文書――のことで、国王の課税権の制限、不当な逮捕の禁止などを規定した。国王といえども法の支配に服す、という原則が文書化され、王権に貴族らが抵抗する根拠となった。

なぜ、こんなことが可能になったのか。中世ヨーロッパでは国王と貴族とは双務契約的な主従関係にあり、契約に基づく権力行使という考え方が広がっていたからだ。そこから、マグナカルタのように、権力を契約文書によって縛るという発想が生まれた。契約だから、仮に国王が契約を破り勝手なことをしたら、貴族は仕える国王を変えても抵抗しても構わないとされた。

――日本でも鎌倉時代の初期武家社会は、主人の御恩（本領安堵・新恩給与）に対して家来が奉公(軍役)するという双務契約的な主従関係にあった。契約を損なうような主人ならば、家来は裏切って主人を変えても何ら問題がなかった。この点では中世ヨーロッパと似ているが、日本では、法によって主人の権力を縛るという立憲主義の思想は生まれず、江戸時代になると、無条件に主人に殉じる絶対的な主従関係に移行していった――

第2に、議会も、今日のような国民代表が集う立法府ではなかった。中世においては、聖職者、貴族、平民（都市富裕者ら）という主に3身分の代表からなる「身分制議会」であり、戦争と課税の協賛を国王から求められるいわば諮問機関にすぎなかった。この身分制議会が、恣意的に戦争や課税を提案する国王に対し、貴族らが抵抗し改善を要求する拠点となっていったのだ。

中世ではさらに、身分制議会と結びついて、国王の暴走を抑える手法の一つとして、混合政体という考え方も普及した。混合政体とは、国王、貴族、平民の身分間で互いに抑制均衡しあう仕組みのことで、古代ローマのように権力を君主政（執政官）、貴族政（元老院）、民主政（民会）に分担させる政体が最も優れていると考えられた。

「個人」と権力に干渉されない「自由」の誕生

中世の立憲主義――領主による王権の制限――を否定したのが、近世に現れた絶対王政だった。絶対王政は、王権の制限を排除するために、憲法を無視し、身分制議会を圧迫した。そして、権力装置である国家（ステート）を構築し、集権的な支配体制を築こうと企てた。

ところが、絶対王政はほどなく打倒された。近代に入って、アメリカ独立戦争やフランス革命などの市民革命（ブルジョア革命）が発生したからだ。その結果、身分制度が破壊され、差別的な「身分」に代わって、平等な「個人」が政治の主体として登場。守るべき権利・自由は貴族らの「身分特権」から人間固有の「人権」へ大転換した。

人間を平等な「個人」として尊重し、その個人が自身の権利を守るために自身の思うままに自身の力を使う自由、つまり「個人自由（人権）」が誕生したのだ。それは、個人が自由に行動しうる空間を保障するものであり、具体的には、思想、信教、表現、集会、結社、経済活動の自由や私有財産の保障などの「自由権（精神・身体・経済の自由）」を意味した。

この「個人自由」という政治原理こそが、近代を最も特徴付ける理念となった。近代になって初めて人類は、権力が介入できない私的な自由領域を設定し、自分の意志で自由に生きることができる政治環境を獲得したのだ。

古代の自由が権力に参加する「権力への自由」だったのに対して、近代の個人自由は、権力に干渉されない「権力からの自由」と言われる。この個人自由を尊重する政治思想は、後に19世紀になって「自由主義」と命名された。

――日本人は当初、個人自由の意義がよく分からなかった。明治時代の自由民権運動で「よしやシビルは不自由でもポリティカルさえ自由なら」と歌われたように、自由の関心は、政治参加や議会開設などのポリティカル（権力への自由）が中心であって、日常生活における市民の個人自由というシビル（権力からの自由）を軽視していた――

立憲主義の変貌

市民革命によって、中世の立憲主義は、自由主義を実現するための思想・制度へ変貌した。法の支配という政治原理や憲法・議会などの仕組みを、それまでの身分特権を守るためではなく、新たに生まれた人権（個人自由）を守るために、活用したのだ。すなわち、個人自由（自由主義）を守るために、権力を制限する（立憲主義）、という近代立憲主義へ生まれ変わった。

これに伴って、憲法は、人権（個人自由）を守ることが最重要の目的となり、「人権の保障や権力の分立の規定のない憲法は憲法ではない」と言われるようになった。また、議会も、身分制議会から、国民の代表が集う国民議会――ただし制限選挙によって庶民や女性を排除――へ変容した。さらに、身分間で牽制し合う中世の混合政体論は、立法・行政・司法の三権分立論のように、政府内で権力を分割して互いに抑制均衡する権力分立論に置き換えられた。

自由主義と民主政治の結合

このように、市民革命によって近代立憲主義が生まれ、議会は政治の中心機関となった。新たに生まれた議会政治を推進したのは、市民革命を主導した資本家ら自由主義者だった。彼らは、誰にも拘束されずに自由に経済活動ができる社会を目指した。一方、下層市民らを中心とした勢力は、国民全員が権力を握って誰もが平等に政治参加して国を運営する人民主権の社会を目指した。彼らの運動・思想は、デモクラシー（民主主義）と呼ばれた。

――デモクラシーとはもともと、民主政治という一つの政治形態を指しており、思想信条「主義（イズム）」ではなかった。古代ギリシアのプラトンやアリストテレスも、近代のルソーらも政治形態としてしか捉えていなかった。この点では、デモクラシーを「民主主義」と邦訳するのはおかしい。ところが17世紀に、土地も人民も国王の家産である絶対王制国家を倒して、自由・平等な個人による国民国家に組み替えよう、という政治運動が登場し、それはやがて国民国家の構成原理・政治思想となった。この運動と思想は、18世紀の市民革命以後、デモクラシーと呼ばれるようになった。こうして、デモクラシーという言葉は、身分制を破壊して平等な社会を目指す、という政治運動・思想信条「主義」としての意味でも使われるようになった――

自由主義者の議会政治と、民主主義者の民主政治とは、対立する関係となった。権力観に違いがあったからだ。民主主義者は、主権者である市民の権力を制限すべきではないという立場だった。これに対して自由主義者は、個人自由を侵害されないよう、権力を制限する立場だ。だから、個人自由と民主政治は両立できないと考えた。

そもそも議会政治と民主政治とでは成り立ちや特質が大きく異なる。古代ギリシアで生まれた民主政治は、市民全員が政治に直接参加する仕組みだ。これに対して、議会政治は、選挙で選ばれたエリート（議員）が政治を担う寡頭政に近いものだった。実態としても当時の議会は、国民議会とはいっても、制限選挙によって富裕層が支配する完全な寡頭政だった。確かに、同じ法律がすべての国民に等しく適用されたけれども、その法律は参政権を持つ一握りの人々の意向によってつくられた。だから、議会政治は民主政治だ、とはとても言えなかった。

ところが、19世紀になると一転して、議会政治と民主政治は対立関係を解消して結合した。実際の欧米先進国で参政権が拡大して議会により多くの国民が参加するようになり、現実として議会は「人民主権」の色彩を強めたからだ。それに伴って、自由主義の政治装置であった議会は、国民全員による政治を目指す民主政治の政治装置と認識されるようになった。自由主義者も「民主的な社会にも自由は育つ」と考えるようになり、自由の実現のために民主政治を役立てるという自由民主主義が誕生し、議会制民主政治として機能し始めたのだ。

都市型社会への移行

18世紀の近代ヨーロッパでは、市民革命とともに、産業革命という、人類史上最大級の変化をもたらす事案が発生した。市民革命による民主化は、身分制度を破壊し、すべての人間に個人自由をもたらしたが、産業革命による工業化は、生産規模を飛躍的に高めて大量生産・消費・輸送・伝達を可能にして、人々を共同体（ムラ）から引き離してプロレタリア（土地などの生産手段を持たず自らの労働力を売って生活する賃金労働者）化させた。つまり、大勢の農民を農村から都市へ移住させてサラリーマンに変えたのだ。

こうして近代化（民主化・工業化）が進むにつれて、「身分＋共同体」の伝統で成り立っていた農村型社会は解体し、社会全体が都市化した「都市型社会」へ変化していった。――都市型社会とは、自然豊かな田舎と対比したビルの林立するような都会の社会のことではなく、非自給自足型の生活様式、言い換えると、公共的な装置や仕組みによって人々の生活が成り立つ社会のことを指す――

それまでの農村型社会では、人々の暮らしはムラ内部で完結しており、基本的に自給自足だった。例えば、生活に必要な水は川や井戸から確保し、燃料は柴や薪、炭などを調達した。食料はムラで生産した米などの穀物、家畜の肉、海や川で捕れる魚などだった。また、ムラ自治に従って、困ったときは互いに助け合う相互扶助の関係を築いていた。村人がみんなで労力を提供し、茅葺き屋根の葺き替え、ムラの道を補修する道普請、下草刈りで里山を整備する山普請などを行った。さらには、病気などで困窮した家の面倒などもみた。

これに対して、都市型社会では、人々の生活は、上下水道、電気、ガス、ゴミ処理、鉄道、道路などの装置や仕組みがないと成り立たなくなる。食料をはじめとする必要な物は、自給するのではなく、流通によって商店に並んだ商品を購入する。こうした自給自足が崩壊した都市型社会の生活様式は、今の日本を見れば分かるように、都会、田舎問わずすべての地域に広がる。

そうなると、政府が、上下水道などのインフラストラクチャー（基盤装置）をつくり、その運営管理方法や料金のルールを定めなければならなくなる。また、食品の農薬基準や添加物の安全基準、商品の規格、環境基準なども決める必要が出てくる。さらには、ムラの相互扶助がなくなり、サラリーマン化した人々は就職しなければ生活できないため、雇用の確保や失業の防止、年金・医療など社会保障の仕組みも不可欠になる。

このように、都市型社会への移行が進むにつれて、ムラに代わって、政府が生活のセーフティーネットを整えなければ、人々は暮らすことさえできなくなる。政策・制度によって人々の生活条件を公共整備することが必要になるのだ。

生活条件の公共整備

したがって、都市型社会が成熟した現代においては、生活条件の公共整備による「生活保障」が最大の政治テーマとなる。それを反映して「社会権」という新しい人権が登場した。社会権とは、生存権、労働基本権（労働権、団結権、団体交渉権、争議権）など、人間らしく幸せに暮らすための権利のことだ。国家からみると、社会権の保障のために、国民生活の面倒をみる責務を負うようになったのだ。それは「権力の責務」であり、国民からみれば「権力に要求できる権利」という意味で「権力による自由」を得たことになる。

社会権登場の契機は、自由権によって個人の自由な活動を制度保障しても、経済と生活が自立していなければ個人自由は実態として機能しないことが明白となったからだった。経済を自由放任にした結果、弱肉強食の世界となり、強者である資本家はますます富み、弱者である労働者は貧した。実際に人間らしく幸せに生活できたのは強者だけだった。

資本家は、使い捨てのできる労働力として、労働者を低賃金で長時間働かせた。機械化によって熟練技術が要らなくなったため、成人男性にとどまらず、より賃金の安い女性や子供も多く雇用し、過酷な労働を強いた。１８３２年の英国議会での証言によると、子供たちは早朝3時から夜10時まで19時間働かされ、少しでも遅刻したら賃金を4分の1減らされた。労働条件だけでなく居住環境も、急速な都市化によって劣悪で、都市には労働者や失業者が住む貧民街が形成された。労働者は貧困に加えて、工場から出る煙による大気汚染、伝染病や犯罪の増加などにも苦しんだ。こうした悲惨な状況から、当時の労働者の平均寿命は20歳にも満たなかったというデータさえある。

労働者は解雇されたら生活できなくなるため、常に失業の恐怖に怯えていた。制度上の個人自由はあっても、労働者の実態は、自由どころか、資本家に搾取される「奴隷」に等しかった。その結果、労働運動が激化し、階級闘争となった。

労働運動を理論的に支えたのが、社会主義だった。資本家ら体制側が、貧困なのは本人の努力が足りないからだ、と労働者に自助努力を促したのに対して、社会主義は、本人の努力不足でも責任でもない、と説き、社会（国）が面倒を見る必要がある、と主張した。（ここでの社会主義とは社会民主主義なども含む広義の意味。いわば、自助努力主義に対抗した、社会でみんなを支えようという「社会」主義のこと。生産手段を国有化する共産主義のみを指すものではない）

各国政府は、労働運動を沈静化させようと、労働者の保護に乗り出した。世界初の社会保険制度――農村型社会で共同体や家族が担っていた機能を国が代替する仕組み――をつくったのはドイツのビスマルクだった。彼は、社会主義者鎮圧法というムチに対するアメとして、１８８３年に疾病保険、84年に災害保険、89年に養老保険を制定した。第１次世界大戦後の１９１９年には、ドイツのワイマール憲法で初めて社会権が規定された。

さらに、大きな転機となったのが１９２９年の世界恐慌だった。世界恐慌によって失業者や生活困窮者が急増すると、その解決が自助努力では不可能なことが誰の目にも明らかとなり、社会（国）の責任が問われることになった。その結果、１９３５年になって米国はニューディール政策の一環として社会保障法を制定した。

この後、社会保障制度を確立させたのは、1942年に発表された英国のベバリッジ報告だった。同報告に基づいて英国は、「揺り籠から墓場まで」をスローガンに、ナショナルミニマム（国民の最低限度の生活水準）を保障する仕組みを整備した。北欧諸国も「福祉国家」として高いレベルの社会保障制度をつくりあげた。こうして社会権は20世紀に人権として確立した。

——現在では新たな人権として、環境権、知る権利（情報公開など）、プライバシーの権利（個人情報保護など）の必要性も叫ばれている——

社会権の保障のために「権力の責務」が増大するのに伴って国家は巨大化した。これに対して、20世紀後半から、「小さな政府」を掲げる新自由主義が勢いを増し、個人の自助努力を求める主張を展開している。現在、「権力の責務」という国家の役割と、「権力による自由」という個人の権利との関係が見直され始めているのだ。

4　民主政治の今日モデルの形成

民主政治の根幹

現代民主政治にとって、古代の「市民参加」、中世の「法の支配」、近代の「個人自由」、現代の「生活保障」という政治原理は、いずれも必要不可欠な要素となっている。ただし、「治者と被治者の同一」を目指す「市民参加」こそが、民主政治の根幹であることは疑いようがない。法の支配、個人自由、生活保障が確保されていても、市民が主権者として政治参加できなければ、「自分たちのことを自分たちで決める」政治は不可能だからだ。市民に帰属する権力を市民のために市民が行使することが民主政治である限り、市民参加なき政治は民主政治ではあり得ない。

――その意味では、天皇主権で国民が決定権を持たない日本の「大正デモクラシー」は民主政治ではなく、ゆえに「民本主義」と命名せざるを得なかった――

とはいえ、「治者と被治者の同一」を目指す市民参加の政治には、大きなネックがある。それは、市民が政治に直接参加できる小規模社会でしか実現できない、ということだ。

古代ギリシアのポリスのような人口が少なく面積も小さい小規模な国では、市民が民会に集まって公開討論と票決によって意志決定することができた。これに対して、近代の国民国家は人口も多く国土も広い。そのような大規模な国では、国民全員が政治に直接参加することは物理的に不可能であるため、民主政治を行うことはできない。

ところが、現実にはそれは覆された。いったい民主政治は、規模というネックをどのように乗り越えたのか。

「代表」と「みなし」の発明

それは、「代表」制の発明と、代表と国民が同一であると「みなす」ことによって可能になった。

投票によって代表を選出するという手法を開発したことで、人類の政治は別次元へと進化した。

それは、武力による闘争を終わらせ、「頭を打ち割る代わりに頭数を算える」「弾丸を投票に代える」

という、新たな政治の規範をつくりだした。自由な選挙によって国民から選ばれた代表が集う議会政治を可能にしたのだ。

これだけでは、議会に集う代表（エリート）による寡頭政治にすぎないが、さらに、「みなす」という手法を導入した。国民から選ばれた代表による議会の決定を、主権者である国民自身の決定と「みなす」ことによって、代表による議会政治と国民主権の民主政治とを結合させた。議会制民主政治が生まれたのである。つまり、議会制民主政治は、国民代表（議会）の決定を国民の決定と「みなす」ことで、「治者と被治者の同一」という民主政治の根本理念を具現化しようとしたのだ。

こうして民主政治は、小規模社会における直接民主政治から抜け出し、大規模な国民国家における議会制民主政治――議会を通して間接的に国民が主権を行使する間接民主政治――に発展した。

直接民主政治と間接民主政治

とはいえ、議会制民主政治は実際には、治者（国民代表）と被治者（国民）とが厳然と分離している仕組みだ。「国民代表（議会）の決定＝国民の決定」とみなすとしても、「治者と被治者の同一」の政体になるわけではない。代表の決定と国民の意志との間に大きなズレが生じた場合には、「議会は民意を反映していない」などと批判され、「治者と被治者の同一」どころか、少数の代表が多数の国民を支配する政体に転じてしまう。

この問題点を、18世紀のフランスの政治思想家ルソーは「（議会制民主政治を構築した）イギリス人は、自分たちは自由だと考えているが、思い違いをしている。自由なのは議会議員選挙の間だけで、議員が選ばれるやいなや奴隷にされてしまい、なんの力ももたなくなってしまう」（「社会契約論」３編15章）と指摘した。

改めて確認しておくが、議会制民主政治（間接民主政治）は、直接民主政治が不可能な大規模社会での代替措置であり、古代の直接民主政治の「市民参加」という政治原理を、やむを得ず、「国民代表（議会）の決定＝国民の決定」とみなすことで具現化しようとしたものだ。だから、自ら考えて決める、という「市民参加」の精神を失えば、「みなす」という前提が崩れ、議会制民主政治はたちまち機能不全に陥ってしまう。

議会制民主政治といえども国民は、代表に白紙委任したわけではない。国民は、自ら考えて決めることを放棄したのではなく、代表に信託したにすぎない。代表が信じて託すに値しないとなれば、国民は批判して代表を選び直す権利を持つ。代表にお任せ（白紙委任）して日常的には国民は政治に関与しない、というのでは、議会制民主政治は失墜してしまうのだ。

――現代日本の政治は、市民がオカミに依存する「お任せ民主主義」、本来プレーすべき市民がスタンドで傍観する「観客民主主義」と揶揄される。その意味では、議会制民主政治が機能不全に陥っている、と言えるのかもしれない――

したがって、議会制民主政治は直接民主政治にできる限り近づくように努力すべきなのである。両者を真っ向から対立する概念だと勘違いして、「住民投票など直接民主政治の制度を議会制民主政治に持ち込むべきではない」あるいは「芸能人やスポーツ選手は政治に意見すべきではない」と言う人がいるが、そうではない。

議会制民主政治の理論モデル

今日の議会制民主政治を理論的に定型したのが、17世紀英国の思想家ロックだ。大雑把に言うと、彼の理論は次のような内容だ。

自由・平等・独立の市民が自らの権利を守るために契約して政治社会をつくり、その社会で権力行使する政府を信託によってつくる。もし政府が失敗したら政府をつくりかえる。

もう少しだけ詳しく言うと

第1に、人間は理性的で勤勉な自律した個人である、とした。ホッブズの個人が自律できず闘争状態に陥るオオカミだったのに対して、自由・平等・独立の理性ある個人（市民）を、政治の前提としたのだ。その市民は「均一・等質」の個人ではなく、それぞれに違った意志を持つ「個性」ある個人だから、決定の仕方は、全員一致ではなく――社会契約ですら――多数決とした。【市民】

第2に、市民は生命・自由・財産という個人固有の権利（固有権＝自然権）を生まれながらに持っている、とした。天賦の権利としての人権（固有権）を設定したのだ。【人権】

第3に、固有権を保障するために、市民は「契約」して「社会」をつくる、とした。ここでいう社会とは、権力を伴う政治社会、言い換えると国（クニ）のことだ。なぜ社会をつくるのかというと、不届き者の処罰や紛争を裁定する仕組み――法をつくり執行する権力――がないと、個々人では固有権が守れないからだ。【社会契約】

第4に、市民は社会を運営するための権限・財源を「信託」して「政府」をつくる、とした。実

際に法をつくって執行する政治機構を構築し、そこに市民の権力を信じて託すのだ。【政府信託】

第５に、政府が信託を違えたら市民は、政府に抵抗する権利（抵抗権）、政府をつくりかえる権利（革命権）を行使できる、とした。政府が勝手なことをして信託目的に違反すれば、信託解除され革命となるのだ。――現代では、革命とは選挙による政権交代を意味する。選挙はいわば革命の日常制度化であり、ゆえに、革命権が発動できない一党独裁は論外であり、野党が存在する複数政党制でなければならない。人権を守るには革命権の裏打ちが必要不可欠なのだ――【革命権・抵抗権】

政府は「市民の道具」

このように、ロックは、社会と政府とを区別した上で、政府を、社会（市民）が構築して制御し、場合によっては改変さえできる「市民の道具」とした。つまり、政府は、神のように絶対無謬ではなく、過ちを犯し失敗する可能性もある、人工の政治機構なのである。

その政府の中枢には、市民から選ばれた代表が集い、市民の権力を集約する「議会」を据えた。言い換えると、人民主権の機能を代行する議会を「国権の最高機関」と史上初めて位置付けた。ロックは、法の制定によって国の意志を表現しなければならないと考えたから、立法府の議会に最高権力を与えたのだ。この影響を受けて日本国憲法も国会を「国権の最高機関」と規定している。

ちなみに、ロックの権力分立は、権限を立法権、執行権、外交権に分け、立法権の下に執行権と外交権を置いた。その上で、立法権を議会と国王に分有させ、国王の執行権と外交権を議会に従属させた。国王の権限が強いようにもみえるが、立法権では国王は議会の構成員という扱いのため、議会が強い権限を持つ仕組みとなっている。

人民主権型モデルへの変換

ロックの理論は、このように理論構成自体は民主的だったが、人民主権（国民主権）という点では問題があった。社会の底辺の人々を排除していたからだ。ロックが活躍した17世紀の英国では、「理性的で勤勉な自律した個人」は貴族やジェントリ（郷紳）ら「余暇と教養」を持つ一部の人々に限られ、大多数は自律できない庶民だった。彼ら庶民の実情は、読み書きさえ満足にできず、利己心に惑わされて公共の立場での判断を任せられない人だった。こうした庶民、さらに女性は、ロックの理論では切り捨てられていたのだ。

それを批判したのがルソーだった。彼は、庶民も含めて全ての人民が国をつくり、なおかつ運営しなければならない、と説き、社会の底辺からの人民主権を主張した。ここから、全ての人民が国を運営しない議会政治を「人間を奴隷にする」と切り捨てた。彼は、庶民であっても政治に直接参加して真面目に討論すれば、自律した人間に高められると考え、こうして得られた社会の意志（一般意志）は人民全員を例外なく拘束する、とした。

現代では、――少なくとも先進国では――ロックが切り捨てた庶民や女性らすべての人が、全国民レベルで「理性的で勤勉な自律した個人」になることができるようになった。参政権も拡大し男女平等の普通選挙が常態化した。ロックが定型化した議会制民主政治の理論モデルは、ルソーが主張した人民主権型へと変換され、今日の常識となったのだ。

議会制民主政治のキーワード「信託」

こうして、社会（国民）が政府（議会・長）をつくるというロックの理論は、議院内閣制、大統領制の違いはあっても、各国の議会制民主政治のモデルとなった。その最大の特徴は、「信託」を軸に理論が組み立てられていることだ。

議会制民主政治を採用する日本ももちろん同型モデルだ。日本国憲法は前文で「そもそも国政は、国民の厳粛な信託によるものであって、その権威は国民に由来し、その権力は国民の代表者がこれを行使し、その福利は国民がこれを享受する」と定め、「国民の信託による国政」を唱っている。それを反映して、国会開会における天皇の言葉にはほとんど、「ここに、国会が、国権の最高機関として、当面する内外の諸問題に対処するに当たり、その使命を十分に果たし、国民の信託に応えることを切に希望します」など、信託という文言が入っている。

残念ながら、日本では信託の意味が十分に理解されていない。けれども、気がつかないうちに、議員らは「国民の負託を受けた」「国民の負託に応えるために」などと盛んに言う。この負託は信託と同じ意味合いだ。憲法通り「信託」とした方がすっきりするだろう。

このようなロックの理論を基にした学説を、政府信託論という。主権者である国民の信託によって政府は成り立つ、という学説で、その特色は、政府と国民が明確に分離していることだ。分離しているからこそ、国民が政府をつくって制御し、国民合意の憲法によって政府の権力行使を縛る、という民主的な理論構成が成立する。

【図表６―１０】政府信託論

	政府信託論	国家法人論
要点	市民の信託によって政府は成立するという説	国家を法的主体としての法人とみなす説
概要	・市民は、政治の権限を政府に信託する ・政府は、市民の信託によってつくられ、市民が信託を解除すれば、政府ではなくなる	・国家は、その意思を形成し執行するために機関を備え、機関の行為が国家の行為となる ※日本で天皇機関説を生む
発祥	１７世紀：ロック「市民政府論」の中心理論	１９世紀：ドイツで流布 （日本の主流学説に）
派生学説	・国民主権、人民主権論	・国家主権論、君主主権論と結合 ・国家三要素説＝①国民②領域③主権 （国民主権と対抗）
国民と政府の位置づけ	・国民と政府とは明確に分離される →国民（主権者）が政府（権力）を憲法で縛る ・国民が政府をつくり、制御する ・政府は主権者である国民の受託者 （国民が政治の主人公）	・国民も政府も、国家の要素 →国家は国民と政府を包み込む観念になる ・国民は国家の統治対象 ・政府は実質的に国家主権を担う （国民主権の空洞化）
政治特性	市民自治	国家統治
統合模型	市民起点（市民→政府） 現場起点	国家起点（国家→市民） 上意下達
統合原理	補完性の原理 （現場主義、市町村優先原則）	国家第一主義 →絶対無謬の国家
制度主体	自治体、国、国際機構（政府の３分化）	国
日本憲法	国政は国民の厳粛な信託によるもの（前文）	

市民自治と国家統治

市民から出発するか、国家から出発するかで、政治イメージは一変し、市民、自治体、国（中央政府）の位置づけは百八十度変わる。

「市民→自治体→国」と市民から出発すれば、現場があらゆる起点となる。これは、市民が政治の主人公となる「市民自治」の考え方であり、「国民（市民）→政府」という政府信託論の考え方だ。「市民のために市民を市民が自ら治める」という市民自治（民主政治）は、「市民が政府をつくり、その政府を制御する」という政府信託論と同じことを意味しているのだ。

一方、「国→自治体→市民」と国から出発すれば、市民や自治体は国に従属する客体となる。これは、市民が政治の傍観者・観客になるオカミ依存の「国家統治」の考え方だ。日本はドイツを手本に明治国家を構築したため、ドイツ国家学の流れをくむ国家統治の考え方が根強い。国家統治の系統にあるのが国家法人論で、市民自治の政府信託論と対峙する学説となっている。

国家法人論は、抽象的な国家を擬人化し、法人として位置付ける学説であり、19世紀のドイツで流布され日本の主流学説となった。（留意すべきは、国家法人論の法人とは、理論構成としての法人であり、例えば、自治体の権利能力を法技術的に法人とみなす、という問題とは異なる。政府信託論でも、法技術として、自治体に法人格を認める）

国家法人論では、国家は政治機構（政府）としてではなく、その政府はもちろん、国民をも含有した「団体」として扱われる。政府も国民も国家の要素にすぎないから、政府や国民は、国家の中に包み込まれて、国家と同一視される。政府をつくり制御すべき主権者の国民は、国家の統治対象とされ、「国家あっての国民」「国家という家の中にいる客体」「国家の要素」にされてしまう。国民主権は空洞化され、政府が実質的に国家主権を担うことになる。

5　民主政治の危険性と可能性

民主政治に内在する論理矛盾

現代民主政治を構成する政治原理のうち、市民参加こそが民主政治の根幹である、と前項で述べた。では、根幹の市民参加さえ堅持していれば、民主政治は機能するのだろうか。その答えは否。そうではないのである。

市民参加の側面のみを強調して、民主政治を「治者と被治者の同一」としてのみ捉えるならば、全体主義・独裁も民主政治ということになるからだ。このような論理矛盾――民主政治が独裁を生むというパラドックス――を、民主政治は内包しているのである。

ちなみに、全体主義とは、国民国家全体を一元的に支配統制する思想や政治形態のことだ。個人の自由・権利を制限あるいは否定して、国民の生活や思想を徹底的に統制するのが特色で、国家全体のために国民を総動員する。したがって必然的に、独裁政治となる。

一方、独裁とは、言葉としては、個人または特定の組織が権力を独占して支配することだが、政治学では、大衆の支持のもとに組織される独占的な権力行使のことを指す。君主による専制と異なり、独裁は、市民の政治参加と積極的支持に基づくのが特色で、市民の名において権力を独占する。

となると、市民の政治参加と積極的支持を獲得するために最も適した政体は、市民全員が参政権を持つ民主政治ということになる。皮肉なことに、本来は独裁（一人による支配）と対極にあるはずの民主政治（全員による支配）が、独裁を生む母体となってしまうのだ。

古代では、市民の政治参加が実現していたアテナイで、市民の支持を背景にペイシストラトスが「市民の名の下に、市民の幸福のために、私は僭主になる」と宣言して独裁者となった。同じく市民が主柱の国ローマでは、市民の支持を得てカエサルが終身独裁官に、彼の後継者アウグストゥスが初代皇帝になった――独裁（dictatorship）の語源は、古代ローマの独裁官ディクタトル（dictator）に由来する――。現代においては、ドイツのヒトラーが、当時世界一民主的なワイマール憲法の下で、国民の支持を得て合法的に議席を増やし、その後、ナチス独裁の全体主義国家を築いた。

全体主義・独裁は、マスメディアが発達し、国民すべてが参政権を獲得した現代の大衆デモクラシーの中で沸騰する。市民全員による支配（民主政治）を、現代の権力者は、大衆操作によって「大衆の歓呼と喝采による支配」に転化。国民の集団陶酔や熱狂を引き出し、国民の同意を強制的に調達して「喝采」の支配をつくりだす。その際、言論、政党、議会などの政治自由を圧殺して、批判勢力を弾圧する「恐怖」の支配を実現する。

このような独裁国家が20世紀に至るところで現れた。ファシズム、ナチズム、スターリニズム、戦前日本の軍国主義、それに中国や北朝鮮などのような共産党独裁体制もここに分類できるだろう。だからこそ、現代民主政治には、権力を制限する「法の支配」や、権力に干渉されない「個人自由（人権）」の制度保障が、極めて重要になる。それがなければ、根幹である「市民参加」が確保されていたとしても、民主政治は全体主義・独裁に転化してしまうのだ。

――近年、中国の急速な経済発展を踏まえて、非効率な民主政治に比べて独裁は効率的だ、と主張する人がいる。しかし、独裁者にとって不都合な事柄については必ずしも効率的とはいえない。不都合な情報を現場は上げようとせず、独裁者は「裸の王様」、組織は「指示待ち」に陥りやすい。批判が許されないから、誤った政策であっても見直されることなく実行され続けてしまう。致命的なのは、独裁下では、独裁者が悪政を行った場合、それを止める手立てを国民は一切持たないことだ。それは、アテナイの僭主政の歴史をみれば理解できるだろう――

多数者の専制

民主政治が全体主義・独裁と化す主因は、多数決原理にある。合意形成の手段として多数決を採用する限り、民主政治の「全員による支配」は実質的に「多数者による支配」となってしまう。

民主政治は本来、市民全員が政治の決定権を握る政体だ。けっして少数者を排除して、多数者のみに権利や権限を与えるわけではない。ただ、すべての市民が平等に1人1票の投票権を持ち、多数決で諸事を決めるので、結果的に多数の市民の意向が政治に反映される。多数者が支配する格好にならざるを得ない。

したがって、民主政治は、多数者が数に物を言わせて少数者を抑圧する危険を絶えず伴う。それが進むと、同調主義が蔓延し、個人自由を圧殺して、個性の否定、社会の画一化を招く。市民革命によって個人自由を手に入れた当時の自由主義者は、専制的な絶対王政の国王に代わって、議会に集う多数者の決定が個人自由を侵害する危険を感じ取った。この危険を、フランスの政治思想家トクヴィルは「多数者の専制」と名付けた。

トクヴィルは、18世紀終わりに建国されたアメリカ合衆国――近代になって初めて出現した、君主ではなく、選挙で選ばれて国民に責任を負う民主的な国民国家――を視察した。フランス革命がナポレオンの専制政治に行き着いたのに対して、アメリカ合衆国で民主政治が成立したのはなぜか、その秘密を探ろうとしたのだ。その結果、アメリカ合衆国では国家と個人との中間領域（地方自治や教会など）が非常に豊かであり、リーダーの資質にかかわらずこの豊かな中間領域によって民主政治が機能している、と分析した。そして、自発的な結社や地方自治など多元的な意見表明の仕組みがあれば自由と民主政治は両立できる、と結論づけた。けれども、その一方で、個人が大衆化して中間領域が衰弱する民主政治の未来をも見通し、「多数者の専制」の危険を鋭く訴えた。

英国の思想家ＪＳミルも、アメリカ合衆国を観察した結果、市民が市民自らを支配すること（民主政治）を意味する「自治」が、実態としては多数派による支配になっている、と警鐘を鳴らした。著書「自由論」では次のように記されている。

「『自治』とか『人民の人民自らに対する権力』といった言葉が、ものごとの実態をあらわしていないことが分かった。（自治では治者と被治者が同一のはずだが、実際は）権力を行使する『人民』（治者）は、権力を行使される『人民』（被治者）と、必ずしも同じではない。また、『自治』とされているものは、自分が自分を支配することではなく、自分が自分以外の全体に支配されることを意味している。現実には、人民の意志とは、（人民『全員』の意志ではなく）、人民のうち、最も多数の『部分』の意志（多数派の意志）か、最も活動的な『部分』の意志（多数派だと認めさせるのに成功した人々の意志）である」（1章）（注＝丸カッコ内は筆者補足）

そのため、ミルは、多数派の人民が一部の人民の抑圧を望むかもしれない、と警告。それを防ぐために、個人に向けられた政府権力を制限することが重要だと訴えた。

このように、民主政治は「多数者の専制」という危険を常に含有している。それゆえ民主政治は、古代において衆愚政治と同一視され、19世紀には自由主義の対立概念と位置付けられた。参政権が拡大した現代においては、全体主義・独裁を生む母体となり得るのである。

半真理（ハーフ・トゥルース）

ミルは、民主政治における「多数者の専制」の問題点を、99人によって1人が同調させられることは、1人によって99人が同調させられることと同じ悪である、と指摘した。すなわち、もし99人の意見が誤りで1人が正しいのであったならば、彼らは真理をつかむ機会を失う。逆に、99人の意見が正しく1人が誤りであったならば、同調しないことによって真理（99人）と誤謬（1人）とが対決・討論するから、彼らはその過程で真理をいっそう明白に認識できる。

したがって、ミルは「半真理（ハーフ・トゥルース）」を前提にして、各人の意見の違いを認めることが重要だと訴えた。

「人間は間違いを犯すものであること、大半の真理は半真理にすぎないこと、反対意見を自由に十分比較した結果でない限り意見の一致は好ましくないこと、真理のすべての側面を認識する能力が人間に備わらない限り意見の多様性は有害ではなく有益であること。以上の原則は、人間の意見だけでなく、人間の行為についても当てはまる」（3章）

すべての意見は正しいかもしれないし間違っているかもしれない、という「半真理」を前提にしなければ、民主政治は成り立たない。もし、絶対に正しい意見がある、という「絶対真理（絶対無謬の真理）」を前提にしたら、討論や票決は一切必要なくなる。絶対無謬の真理を認識している人物にすべての権力を委ね、国民は何も考えず彼に服従すればよい。しかし、そんな神のような、支配者になるべき人物がいるのだろうか。

民主政を嫌悪したプラトンは「哲学者が王となって支配するのでない限り、あるいは、王が哲学するのでない限り、国々に不幸のやむときはない」と哲人王政治を主張した。いわば、絶対無謬の真理を認識できるエリートの哲人王が、認識できないポリス市民を支配するのだ。エリート政治を理想としたプラトンの思想は、後世、ヒトラーやスターリンに全体主義・独裁を肯定する思想として使われた。民主政が衆愚政と化す危険をプラトンは訴えたが、プラトンの理想政治も全体主義・独裁と化す危険を抱えていたのだ。

「絶対真理」を前提とすれば、絶対無謬の真理を認識している「偉大な指導者」「前衛党」が権力を独占すること（全体主義・独裁）さえも、正当化できてしまう。ここに、エリート支配という独裁の中核問題がある。ロックは著書「市民政府論」で、独裁の問題の核心を次のように記している。「10万人に命令を下す人物は10万倍の力を持っているというのに、その人物の意志が他の個々人の意志より優れているとは誰も保証できない」（137節）

全体主義・独裁を防ぐ第一歩は、JSミルが指摘するように、「絶対真理」を否定し、「半真理」を前提とすることだ。多数決の結論が正しいとは限らないけれども、エリートが正しいとも限らない。誰でも過ちをおかす可能性はある。エリートは間違わない、という前提はなりたたない。
「半真理」を前提にすれば、絶対無謬の真理を独占する人物や政党はもちろん、絶対無謬の真理を究めた中立的・科学的な意見や政策もありえない。個々人の意見や政策は必ず党派的となる。だから、複数政党による複数の政策提示と公開討論が必要になり、最終的には多数決によって政治決定するしかない。全員一致の絶対無謬の真理（一般意志）はありえず、「半真理」を前提とする限り、民主政治は、どうしても過半数――大抵は60％程度――の支持に基づく政治とならざるを得ない。

都市型社会の欠点と利点

ここまで述べてきた民主政治の問題点――多数者の専制、全体主義・独裁――は、現代の都市型社会において際立つ。とりわけ、全体主義は現代政治が生み出した概念であり、都市型社会においてこそ現出する。

都市型社会は、次のような特性を持つ。第1に、電気、ガス、上下水道、ゴミ処理、電話、ネット通信など巨大システムが生活に不可欠であるため、社会構造自体が、災害、テロ、戦争などの緊急事態に脆い。第2に、政府が政策・制度によって国民の生活条件（雇用・所得の確保、社会保障など）を公共整備するため、政治の失敗が生活破綻に直結する。したがって、失政をふせぐために、国民は政治に関与せざるをえない。

第3に、大衆操作・官僚統制の危険性が強まる。現代人は、伝統が支配する共同体（ムラ）から解放されて自由になる半面、孤立して不安定な存在になる。孤独で不安な個人は、個性と主体性を失って世間に同調し、受動化した大衆になる。大衆は、高度な情報技術を操る権力によって組織化され、大衆操作・官僚統制されやすくなる。大衆操作・官僚統制が可能になると、権力が大衆熱狂を演出し、民主政治を空洞化しかねない。ポピュリズム（大衆迎合主義）の危険が高まり、それが過熱すると全体主義に陥る。大衆が自ら望んで全体主義を生んでしまうのだ。

そうした負の側面を持つ半面、都市型社会は、国民全般が「余暇と教養」を獲得し、政治習熟する可能性――市民の大量醸成の可能性――を広げる。歴史上初めて、エリートや支配層だけでなく、すべての人々に市民となる可能性を準備するのだ。個人は、孤立という不安を抱え、大衆化するけれども、一方で、自立し主体的に活動するようになる。大衆化こそが、市民参加、市民活動の発生条件を生み出すのだ。

現代民主政治は、大衆が、市民として主体化するか、それとも受動化して衆愚と化すかによって、その成否が決まってくる。

専制君主を上回る現代の権力者

現代の都市型社会において、民主国の政治リーダーは、非常に大きな民主的な制約を受けるが、それ以上に、かつてない強大な権力を発揮できるようになる。

現代の民主国では、参政権の拡大や教養の向上によって国民が、政治に参加してリーダーを監督・制御する欲求を強める。そんな国民を相手に民主国のリーダーは、支持を集めて選挙で選ばれなければ、権力を握ることはできない。リーダーになれたとしても、恣意的な権力行使を防ぐための「法の支配」「権力分立」に服さなければならない。また、国民の人権を守らなければならず、国民から批判を受けながらも、自らの政策・制度を発案して説明する責任を果たさなければならない。こんな厳しい制約は、かつての専制君主にはなかった。

にもかかわらず、現代の民主国リーダーは、その厳しい制約を上回るような、とてつもない強大な権力を手に入れた。それは、秦の始皇帝、チンギスハン、太陽王ルイ14世ら、かつての名だたる専制君主の誰一人も、足元にも及ばない。

現代の民主国リーダーは、第1に、マスメディアや情報技術（IT）を駆使して、一瞬にして数億人規模の人々に語りかけて人々を誘導することができる。言うならば、国民を動員する技術を手に入れ、大衆操作する大きな機会を持った。第2に、戦車やミサイルなどの大量破壊兵器を持つ国軍を手中に収め、その強大な軍事力を行使できる。今や国民が武装蜂起しても難なく鎮圧できる。それどころか、核兵器を持つ超大国のリーダーならば人類を滅亡させることさえ可能だ。第3に、膨大な官僚機構の組織力・情報力をフルに動員し、官僚統制が可能になる。第4に、その官僚機構を使って政策・制度を開発して実行することで、市民生活を直接に左右することができる。

過去の専制君主は、被治者（シモジモ）の受動的な服従に頼った。シモジモが反抗して反乱を起こさないようにすることに努めた。シモジモは無教養である方が、支配しやすかった。

これに対して、現代の権力者は、国民が能動的に服従するよう、大衆操作する。義務教育などによって国民全般の教養は高まったが、それは体制側から見ると、良質な労働者を求める国内の殖産興業のためでもあるし、その方がむしろ体制の思想に教化しやすかった。権力者の意向に沿った情報ばかりを流し、国民を順化させることも可能になる。権力者に都合のいい一つの思想を国民に植え付けることに成功すれば、仮にその思想に従わない国民がいたとしても、その国民は他の国民から売国奴、非国民などと蔑視され、社会から排除される。

——ちなみに、事実上の共産党独裁である中国や北朝鮮のような、非民主国のリーダーは、民主政治による「権力の制約」を一切受けずに、マスメディア、軍事力、官僚機構といった「権力の武器」のみを手に入れるため、権力者のやりたい放題となる——

民主政治の病理と処方箋

したがって、このように強大化した権力者に対して、権力を制限する新たな仕組みが、現代において必要となる。

そもそも、現代の政治リーダーの権力が強大化する背景は、現代民主政治が次のような病理を抱えていることにある。

現代民主政治の病理とは、①大衆操作・官僚統制、②団体・企業の外郭団体化、③政党の未熟・腐敗、一党独裁、④行政機構優位の進行（議会や裁判所の形骸化）、中央集権化（自治体の形骸化）、⑤市民の無関心・無気力——だ。この病理を利用して、現代の政治リーダーは独裁的な権力を握ろうと画策するのだ。

これを克服するための処方箋が、①市民自由＝市民活動の自由、人権保障、情報公開、②社会分権＝団体・企業の自治、③複数政党＝選挙等による政府・政策の選択（政党選択）、④機構分立＝議会・

【図表６―１１】現代民主政治の危険性と可能性

危険性（問題点）	可能性	政治原理
大衆操作・官僚統制	市民活動の自由（人権保障、情報公開）	市民自由
団体・企業の外郭団体化	団体・企業の自治	社会分権
政党の未熟・腐敗、一党独裁	選挙等による政府・政策の選択（政党選択）	複数政党
行政府優位の進行（議会・裁判所の形骸化）	議会・長の分立、裁判所の独立	機構分立
国への集権化（自治体の形骸化）	自治体と国との制度分権	
市民の無関心・無気力、弾圧	政府批判の自由（選挙による革命権行使）	市民抵抗
→衆愚（大衆）政治への堕落	→民主政治の健全化	

※松下圭一「政策型思考と政治」（東京大学出版会）図（P347）より著者作成

長の分立、裁判所の独立、自治体と国との制度分権、⑤市民抵抗＝政府批判の自由、選挙による革命権行使――を制度化することだ。

この制度化によって、社会・政治の中でチェック・アンド・バランスの仕組みを新たに造出し、絶えず機能させることができる。①市民自由③複数政党⑤市民抵抗によって、市民は活動を活性化させるし、多様な個人意見や党派を基に、選挙で政権を交代させることも可能になる。②社会分権によって、多様なサークル、ボランティア、市民団体や企業による活動が噴出して、社会を支える。④機構分立によって、政府の権力は分散する。こうして、政府内での権力分散とともに、政治の主体（発生源・批判源）として、市民、団体・企業、政党が機能する。

以上のように、現代民主政治は、衆愚政治への堕落という危険性と、民主政治の健全化という可能性との緊張の中に絶えずある。民主政治は堕落すれば、権力（政府）が国民を操作して支配する政治に変わる。国民は、表見では主権を持つ主体だが、実態は権力者に同調する客体（衆愚）になるのだ。逆に、民主政治は健全化すれば、人民の人民による人民のための政治という市民自治の仕組みとして機能し、権力（政府）を国民が制御する政治となる。

民主政治は理想か

古代ギリシアでデモクラティア（民主政）が誕生した時から、民主政治の評判はすこぶる悪い。なかんずく当時の有識者からは散々だ。

そもそも、民主政は、王や僭主による君主政、貴族による寡頭政と同じ、一つの政体にすぎない、と古代ギリシア人は受け止めていた。君主政や寡頭政から進化して民主政に行き着く、とは誰も考えなかった。民主政は理想の政体ではなかった。プラトンは、貧しくて無知蒙昧な大衆の支配だとして民主政を嫌悪した。アリストテレスも、多数の貧民が支配するデモクラティア（民主政）を堕落した政体ととらえた。現代においても民主政治は衆愚政治としばしば批判される。

事実、民主政治は、かずかずの過ちを犯してきた。第１部で記したように、ソクラテス裁判、アルギヌサイ裁判、ミュティレネ論争などを見るだけでも、まさにアテナイ民主政が愚行を繰り返してきたことが分かる。現代でも、ナチスは、民衆の熱狂に支えられ、民主政治に基づいて政権を握り、ユダヤ人の大量殺戮などの蛮行を繰り広げた。

古今の政治思想家が主張するように、民主政治は衆愚政治に陥る危険を絶えずはらむ政体である。このことは、誰も否定できない。

とはいえ、民主政治以外の政体はどうだったのか。それは、むしろ民主政治以上に愚かな政治を繰り返してきたのではないだろうか。古代ギリシアのアテナイでも、民主政を転覆した寡頭政権は恐怖政治を行った。ローマ帝国でも、賢帝ばかりではなく、暴君が続出した。現代においても、自国民を大量虐殺したカンボジアのポルポト政権のような、愚かな権力者は枚挙にいとまがない。一人の権力者、少数のエリートによる政治もまた、かずかずの過ちを犯してきたのだ。

英国首相チャーチルは「民主政治は最悪の政体である。ただし、人類がいままで経験したあらゆる政体を除いて最悪の政体である」と語り、皮肉まじりの表現で民主政治を評価した。英国の政治家ブライスは「民主政治について如何に重大なる欠陥が指摘されても、民主政治に左袒する者は云ふであらう、『君は如何なるより良き代替物を提供するか』と」と述べ、民主政治を擁護した。

民主政治は、理想の政治か、それとも衆愚政治にすぎないのか。そういう二者択一の問題ではない。民主政治は、健全化して理想に近づくこともできるが、衆愚政治や全体主義・独裁に堕落することもある。それを知ることが重要なのだ。民主政治は、理想ではない。まだ人類がそれ以外のより良い方法を見いだしていないが故の、つまり代替物がないための、やむをえない――現状では最善とせざるをえない――制度なのだ。

6　地方自治と市民自治

日本における「自治」の矮小化

日本語「自治」は、英語「オートノミー（語源は古代ギリシアのアウトノミア）」「セルフガバメント」の翻訳語として明治に登場した。その意味は、自分のことを自分が処理して治めることであり、民主政治（市民のために市民を市民自らが治める政治）とほぼ同義だ。したがって、自治なき民主政治はありえない。——ただし前述したように、現代民主政治には自治（市民参加）のほか「法の支配」「個人自由」の保障なども不可欠だ。なお、日本語「自治」には漢語の「自然に治まる」という意味も抱えるが、今では大半の国語辞典が掲載しておらず死語化した——

にもかかわらず、日本人は、自治を民主政治と結びつけず、自治を理解して身につけようとしない。自治への関心は皆無に近いとさえ言える。

その大きな要因は、明治以降の国家権力が「自治」を矮小化し続けてきた歴史にある。

明治初めにおいてはまだ、「自治」は民主政治と同義であり、「自由自治」「中央自治」という言い方があった。このうち、自由自治とは、自由を実現するために自治（民主政治）が必要だ、という趣旨で語られた。中央自治とは、中央（国）に自治（民主政治）を導入することを意味した。要するに、自治という言葉は、民主政治を意味し、中央（国）・地方（自治体）の別なく、すべての政府に関わる原則として使われていた。

ところが、明治憲法体制下、明治政府は、自治という言葉が持つ民主的な意味合いを嫌った。そこで「地方自治」という表現を使って、中央自治を否定し、中央の意向に地方を従わせるという官治・集権システムを構築していった。こうして、国レベルの民主政治という中央自治の発想は葬られた。以後、自治は地方に限られた用語として使われ、自治といえば、中央に従属する地方自治（地方行政）を意味するイメージが日本人に定着していった。自治から民主政治の意味が消えたのだ。

日本では今日、自治から民主政治を連想する人はほとんどいない。いわば官製用語「地方自治」が、民主政治と同義であるはずの自治を矮小化するのに成功した。その意味では、地方自治などというものは自治ではないのだ。

日本における戦後民主主義の最大の欠陥は、自治の不在ないし消化不良にある。民主主義という理念ばかりが声高に叫ばれ、地域現場における自治の実践は置き去りにされた。自治体独自の先進政策や自主的な市民活動も軽視され続けた。その結果、「お任せ民主主義」「観客民主主義」が定着してしまった。

地方自治は民主政治の学校

自治体や地域現場レベルの民主政治が地方自治だとすると、地方自治は、民主政治を機能させるために必要不可欠である。

第2章で、古代アテナイのデモス（市町村）は市民を政治教育する機能を果たした、と述べたが、近代になると、地方自治の教育機能の重要性が強く認識されるようになった。トクヴィルは著書「アメリカのデモクラシー」（1835年）の中で「地方自治の諸制度は自由の小学校」と説いた。ブライスも著書「近代民主政治」（1921年）で「地方自治は、民主政治の最良の学校、その成功の最良の保証人」と主張した。

地域現場での民主政治（地方自治）を実践することによってのみ、市民は政治習熟し、自らの課題を自ら解決する自治能力を身につけることができる。政治習熟した市民の存在なくして、民主政治は成り立たない。地方自治は、国政で主権を行使するための「練習の場」ではなく、民主政治の「大前提」であり「基礎」「土台」なのだ。国家あっての地方自治ではなく、地方自治あってこそ国

【図表６―１２】地方自治の「不滅（必要）」論と「死滅（不要）」論

	地方自治「不滅（必要）」論	地方自治「死滅（不要）」論
論点	国が民主化すれば地方自治は一層必要となる	国が民主化すれば、地方自治は不要になる
	地方自治は民主主義に不可欠で、永久に不滅	民主主義が全国化すれば地方自治は死滅する
	地方自治のない民主主義はない	国家にとって地方自治は不可欠ではない
	地方自治を否定できる良い中央集権などない	良い中央集権ならば地方自治は不要となる
	国と自治体とは「対等・協力」の関係	自治体を国に従属させても非民主的ではない
主な提唱者	日本の一部政治学者、自治体関係者 トクヴィル、ブライスら	かつての日本の憲法学の主流理論 マルクス・レーニン主義者（前衛党理論）

導かれる体制	自治・分権 （地方分権）	官治・集権 （中央集権）
地方自治の役割	民主主義の「学校」 ・地方自治は国民や自治体を自立させ育てる →自治能力持つ市民だけが民主政を運営可能	民主主義の「墓場」 ・国民や自治体の自発性と能力を国が奪う →オカミ依存の臣民では民主政は運営困難

レベルの民主政治（中央自治）が成り立つのだ。

にもかかわらず、第二次世界大戦後の一時期まで、日本も含めて世界中で「国が民主化すれば地方自治は死滅する」「良い中央集権ならば地方自治は不要だ」という学説が勢力を拡大した。前衛党による民主集中制を提唱するマルクス・レーニン主義者や日本の憲法学者らが、こうした地方自治「死滅・不要」論の立場だった。

しかし今日、地方自治「死滅・不要」論は息絶えた。市民を育てる地方自治こそが民主政治の源泉である、という理解が進み、「国が民主化すれば、地方自治はより必要となる」「地方自治のない民主政治はない」という、トクヴィルやブライス系統の地方自治「不滅・必要」論が定着している。

地方自治の位置づけ

これほどまでに重要な地方自治だが、日本ではその理解が不十分で、多くの人が、自治体よりも国の方が偉い・正しい、と信じている。なぜ地方自治が必要なのか、なぜ自治体が存在するのか、学校でもほとんど学ばず、その理由を考えたこ

【図表６―１３】自治体（地方自治権）の存在根拠

	固有説（歴史固有説）	伝来説		市民補完説（政府信託論）
		国家承認説（国家派生説）	制度保障説（修正国家派生説）	
要点	自治体は固有の自治権を有する	自治体は国家がつくった下部統治機構	自治体は国家が制度保障した統治機構	自治体は市民が信託した政府
由来	地方自治権は国家以前からある権利	地方自治権は国家の統治権から由来する		地方自治権は市民に由来する
国の関与	・国といえども地方自治権は侵害できない ・基本的人権と同様に地方自治権は固有の権利	・地方自治権は国家が承認する限りで存在する ・地方自治の内容は国家の立法によって決まる →国家あっての地方自治	・憲法は地方自治の制度を保障した ・地方自治の本旨は法律でも侵し得ない ・国には地方自治を保障する責務がある →国も自治体も国家統治機構の一環	・自治体は政府として自立する ・国も自治体も市民が信託した対等な政府
論拠	自然法思想	国家法人説・国家統治論		市民自治論
	歴史実体 ＝国家以前に領主自治は存在した	立法事実 ＝地方自治権の法的基礎は国家が定めた		補完性の原理 ＝自治体と国は市民課題を補完する政府

ともないだろう。

地方自治あるいは自治体の存在根拠については、固有説、伝来説（国家承認説、制度保障説）、そして松下圭一が唱えるいわば市民補完説などの学説がある。

固有説は、地方自治権を国家（ステート）以前の固有の権利とする考え方だ。個人が基本的人権を持つのと同様に、自治体は固有の自治権を持ち、国家といえども侵害できない、と主張する。

伝来説は、地方自治権は国家の統治権から伝来するという考え方だ。いわば「国家あっての地方自治」という位置付けで、この説に分類されるのが承認説と制度保障説だ。

承認説は、自治体は国家がつくった下部行政機構であり、国家が承認する限りにおいて存在する、という考え方だ。国家から与えられた範囲内でしか地方自治権は行使できず、法律によって制限できる。要するに、国家の考えで地方自治はどのようにもできるのだ。

もう一つの制度保障説は、日本の憲法学の通説となっている。それは、憲法は地方自治の制度を保障しており、地方自治の本旨は国家の法律によっても侵せない、という考え方だ。保障するのは、人権のような地方自治権ではなく、あくまでも地方自治の制度だ。自治体は国家が制度保障した統治機構だとされる。

一方、市民補完説は、政府信託論に沿った学説だ。この説では、地方自治権は市民に由来し、自治体は国（中央政府）と同様に市民が信託した政府だ、と主張する。自治体を国に従属させるのではなく、いわば主権者である市民に従属させるのが、最大のポイントだ。したがって、地方自治は市民の権利であり、国家から施される恩恵ではないことになる。そして、国も自治体も市民が信託した「対等」な政府と位置付けられる。つまり、市民は主権行使を国に全部信託したのではなく、国レベルのことは国に、地域レベルのことは自治体に、それぞれ信託したわけだ。国も自治体も市民を「補完」する政府であり、現場で課題が発生したら、まず市民が対処し、市民ができないことを、身近な基礎自治体（市町村）から、広域自治体（都道府県）、国へと順次補完する。すなわち、市民自治の「市民→市町村→都道府県→国」という現場起点の流れとなる。

補完原理

市民自治の「市民→市町村→都道府県→国」という政治の流れは、20世紀終盤から世界的に注目され定着しつつある「補完性の原理（補完原理）」と同じだ。

【図表6―14】補完性の原理

	補完性の原理	従前統治原理
政治構造	自治・分権	官治・集権
政治特性	市民自治　（現場起点）	国家統治　（上意下達）
政治の流れ	市民→市町村→都道府県→国→国際機構	国→都道府県→市町村→住民
政策作り	現場（市民）→先進自治体→国→全自治体→国民	先進国→国→全自治体→国民

補完性の原理とは、身近なことは身近な主体・政府で対応し、そこでできないことを広域の政府が順次「補完」していく、という原則のことだ。公共の決定は市民により近いレベルから優先して行うべきだ、という考え方に基づいている。

補完性の原理は、１９８５年採択・１９８８年発効のヨーロッパ地方自治憲章で「公的な責務は、一般に、市民に最も身近な当局が優先的に遂行するものとする」と条文化され、１９８５年採択の世界地方自治宣言でもうたわれた。１９９３年に発効したＥＵ（欧州連合）設立条約（マーストリヒト条約）にも盛り込まれ、世界的に普及した。これらの条文等は国と自治体の政府間関係を定めたものだが、ヨーロッパでは、市民と政府との関係にも尊重されるべき原理と考えられている。戦後に類似の「市町村最優先の原則」が唱えられた日本でも、補完性の原理は現在、地方分権推進の指針として提唱されている。

現代日本の市民自治

日本人はオカミ依存の風潮が強く自己解決の気概が乏しい、と言われる。オカミには逆らうな、長いものには巻かれろ、という伝統が根強い。しかし、変化も生まれている。

１９９５年に発生した阪神大震災では、行政が機能不全に陥る中、誰から依頼されたわけでもないのに、多数のボランティアが全国から被災地に集まり、被災者を支援した。その結果、この年は、ボランティア元年と位置付けられた。このボランティア活動が契機となって、１９９８年にはボランティア団体などに法人格を与えるＮＰＯ法（特定非営利活動促進法）が制定された。いうならば、官（オカミ）が公（公共）を独占できないことが明白となり、私人としての市民が公共の担い手として認知されたのだ。この頃から、国や自治体では、市民や団体・企業の力を借りる「協働」という言葉を盛んに使い始めた。今や市民は、自主サークル、ボランティア組織、民間非営利組織（ＮＰＯ）、非政府組織（ＮＧＯ）など多様な団体をつくり、多彩な活動を展開している。

市民自治とは、文字通り、市民（シティズン）による自治（民主政治）のことだ。依存・傍観という体質がなかなか払拭できない日本において、市民という個人を自治（民主政治）の担い手として明確に位置付けることを意味する。国家統治の思考回路から抜け出し、主権者である市民が主役となって自治を担う可能性を、今こそ日本人は追求しなければならないだろう。

おわりに

古代ギリシアの民主政（デモクラティア）は、一朝一夕にできたものではない。現代人の中には、クジ引きによる公職者選定から公職者への給料支給まで、民主政の仕組みのほとんどをペリクレス一人が構築したかのように語る人が少なくない。けれども、民主政は、長い年月をかけて、多数のアテナイ人が膨大なエネルギーを費やし、その仕組みの構築と改良を積み重ねて実現したのだ。

同じように、現代民主政治も、「市民参加（市民自治）」というアテナイ人が発明した遺産を基礎として、立憲主義の「法の支配」、自由主義の「個人自由（人権）」、社会主義の「生活保障」など、人類の歴史的な知恵の積み重ねによって成り立っている。

残念ながら、今日でも、憲法は権力者を縛るための法典である、という立憲主義の基本さえ知らない、あるいは無視しようとする政治家が世界中で後を絶たない。彼らは、批判（反対意見）を許さず、批判者を納得させる努力——民主政治の要である「言葉による説得」——を怠り、さらには、批判に耐えられるだけの精度の高い政策・制度を打ち出すことを放棄して、権力や数の力によって自身の考えを強引に押し通す。こうした民主政治の原理をないがしろにする政治家は、程度の差こそあれ、日本にも存在する——特に第2次安倍政権はこの傾向が強かった——。それだけに私たちは、様々な政治原理が連なる、現代民主政治の成り立ちをしっかりと確認しておくべきだろう。

大学生時代、私の最初の演習課題はアリストテレスの「政治学」だった。当時は、2千年以上も昔の、古代ギリシアを題材にした本を読む意義が正直よく分からなかった。最近になって、その意義や重要性に気づくようになったが、それに伴って、アリストテレスが著書内でたびたび触れていたアテナイの政治――市民自治の政治を目指したアテナイ人の歩み――に深く興味を抱くようになった。その歩みは、現代の日本、さらには世界にも通じるところが多々あると感じたからだ。

本書は、第1部でアテナイ人の歩みを史話の形で記し、彼らがいかに偉大な発明をしたか示した。その上で、第2部で現代民主政治の構造を政治学者の松下圭一氏の考えを基にざっくり説明した。

松下氏が市民自治という視点を――しかも半世紀も前に――提示したのは、衝撃的で画期的だった。日本人に欠如していた全く新しい見方であり、その視点は、今の、そしてこれからの日本に必要不可欠なものだと思えてならない。

生前、松下氏は、時代の変革には一世代（三十年）単位の長い時間が必要だ、とよく語っていた。確かに、アテナイ民主政も、ソロン時代の黎明期から誕生までにおよそ百年、それから制度が整い成熟するまでにさらに百年を要している。今の日本は明らかに活力衰退期に入っており沈没寸前だが、それを防ぐためにも、上意下達の国家統治の考え方から脱却して、現場起点の市民自治を基本とした国へ、長い時間がかかるにしても少しずつでも変えていかなければならないだろう。

最後になったが、本書を刊行して下さった公人の友社の武内英晴社長には厚くお礼申し上げる。また、いろいろと支援してくれた友人の荻上文夫氏にも感謝の意を捧げたい。

２０２０年（令和２年）10月

神谷秀之

【関連年表】

古代アテナイ関連年表

	BC年	アテナイ等の主な出来事
前8世紀		ポリスが誕生し始める
		大植民の時代（前8世紀半ば～前6世紀半ば）
前7世紀	683	アルコン1年任期に
	621	ドラコンの立法
前6世紀	594	ソロンの改革
	561	ペイシストラトスの第1次僭主政（僭主政の始まり）
	556	ペイシストラトスの第2次僭主政
	546	ペイシストラトスの第3次僭主政（僭主政の確立）
	527	ペイシストラトス病死、ヒッピアス僭主に
	525	クレイステネスがアルコンに
	516	ミルティアデスがケルソネソスの僭主に
	514	ヒッパルコス暗殺　→僭主ヒッピアスの暴政
	510	スパルタ武力介入で僭主ヒッピアス追放（僭主政の終焉）
	508	クレイステネスの改革
		民主政に干渉のスパルタを撃退（508～507）
	501	ストラテゴス（将軍）の民会選挙開始
前5世紀	499	イオニア反乱勃発
	498	イオニア反乱に援軍派遣
		ペルシアの州都サルディスを焼き討ち
	497	僭主残党ヒッパルコスがアルコンに
	494	イオニア反乱終結
	493	テミストクレスがアルコンに
		ミルティアデスがアテナイ帰国
		ピレウス港建設開始
	492	ペルシアの第1回ギリシア遠征（トラキア等制圧）
	490	第1次ペルシア戦争
		マラトンの戦い：アテナイがペルシア撃退
	489	ミルティアデスの失脚、獄死
	487	アルコン職が抽選に
	483	ラウレイオン新鉱脈発見
		テミストクレス、新鉱脈の収益でアテナイ艦隊を建造
	481	「ギリシア連合」結成
	480	第2次ペルシア戦争
		アテナイ陥落
		サラミスの海戦：ペルシア艦隊に大勝
	479	ペルシア撃破（事実上の終戦）
		プラタイアイ戦：ペルシアをギリシア本土から駆逐
		ミュカレ戦：イオニア諸市を解放

	BC 年	アテナイ等の主な出来事
前 5 世紀	478	テミストクレス、アテナイ城壁の再建開始
		ギリシア連合軍がキプロス、ビサンチオンへ遠征
		「デロス同盟」結成
	476	キモンの活躍：スキュロス島、エイオンを占領
	471	テミストクレス陶片追放
	470	ナクソス反乱
	468	テミストクレスに死刑判決
	467	ナクソス反乱鎮圧
		エウリュメドン戦大勝　→エーゲ海のペルシア勢力を一掃
	465	タソス反乱
	464	スパルタ大地震、ヘイロタイ反乱 (〜 458)
	463	タソス反乱鎮圧
	462	キモンがスパルタに援軍
		エフィアルテスの改革
		アルゴス、テッサリアと反スパルタ同盟結成
	461	キモン陶片追放、エフィアルテス暗殺
	460	エジプト遠征
	457	アルコン職を農民級市民に解放
		タナグラ戦：アテナイ敗北
		ボイオティア、フォキスを制圧
		アイギナ降しデロス同盟に入れる
	454	エジプト遠征軍が壊滅
		デロス同盟金庫のアテナイ移管
	451	スパルタと 5 年間の和約
		ペリクレス市民権法成立
	449	キモン、キプロスでペルシア軍破る。戦地で病死
		カリアスの和約（ペルシア戦争終結）
	448	ペリクレス「全ギリシア会議」提案
	447	パルテノン神殿着工
		ボイオティアとエウボイアで反乱
	446	ペリクレスがエウボイア反乱鎮圧
		スパルタと 30 年間の和約
	444	ペリクレス、全ギリシア人の植民市トゥリオイ建設
	443	寡頭派領袖トゥキュディデス陶片追放
		ペリクレス将軍になる。　＝ペリクレス時代 (〜 429) ＝
	440	サモス反乱
	439	サモス反乱鎮圧
	437	アンフィポリス建設
		ペリクレス、黒海に遠征し北方に勢力拡大

	BC 年	アテナイ等の主な出来事
前 5 世紀	435	ケルキュラとコリントスの対立激化
	433	ケルキュラと同盟（コリントスと対立）
	432	ペロポネソス同盟が対アテナイ宣戦決議
	431	ペロポネソス戦争勃発
	430	アテナイで疫病の発生
		ペリクレス、弾劾される（罰金刑、将軍職解任）
	429	ペリクレス復権するも、疫病にかかり死去
	427	ミュティレネ反乱 (前 428 年〜) を鎮圧
	425	スパルタ降しピュロス占領
		スパルタの和約提案拒否
	424	デリオン戦：アテナイ潰走
	422	アンフィポリス戦：アテナイ敗北（クレオン戦死）
	421	ニキアスの和約（スパルタと 50 年間の和約）
	420	アルゴス等と同盟締結
	416	メロスの男子市民を処刑、女性子供を奴隷とする
	415	シチリア遠征
		アルキビアデス、スパルタに亡命
	413	スパルタ、アッティカに侵攻しデケレイアを占拠
		シチリア遠征軍壊滅
	412	デロス同盟ポリスの離反が続出
		スパルタとペルシアが同盟締結
	411	四百人政権樹立し、民主政転覆
	410	民主政回復
	407	アルキビアデス帰国、アテナイ陸海軍の全権将軍になる
	406	ノティオン海戦：アテナイ大敗　→アルキビアデス亡命
		アルギヌサイ海戦：アテナイ大勝も、将軍 6 人処刑
	405	アイゴスポタモイ海戦：スパルタ大勝
	404	ペロポネソス戦争終結
		三十人僭主の暴政
	403	民主政回復
		アムネスティア（大赦）公布
前 4 世紀	399	ソクラテス裁判
	395	コリントス戦争始まる
	386	コリントス戦争終結（大王の和約）
	377	第 2 次アテナイ海上同盟
	357	同盟市戦争 (〜 355)
	338	カイロネイア戦：アテナイ等敗北
	337	コリントス同盟結成（マケドニアのギリシア制圧）
	334	アレクサンドロス大王の東征
	323	アレクサンドロス大王の病死
	322	ラミア戦争：アテナイ等が敗北
		民主政廃止

民主政治年表（中世以降）

1215	英）マグナカルタ
1628	英）権利請願
1642	英）清教徒革命
1651	ホッブズ「リバイアサン」
1688	英）名誉革命
1689	英）権利章典
1690	ロック「市民政府論」
1748	モンテスキュー「法の精神」
1760	このころから産業革命
1762	ルソー「社会契約論」
1775	米）独立戦争始まる
1776	米）独立宣言
1788	米）合衆国憲法成立
1789	仏）フランス革命始まる、人権宣言
1804	仏）ナポレオンが皇帝に即位
1848	仏）二月革命、独）三月革命
1863	米）リンカーン奴隷解放宣言
1883	独）疾病保険法制定（世界初の社会保険制度）
1917	露）ロシア革命
1919	独）ワイマール憲法（社会権を規定）
1920	国際連盟発足
1933	独）ナチス政権成立
1935	米）社会保障法制定
1942	英）ベバリッジ報告→「揺り籠から墓場まで」
1944	ＩＬＯフィラデルフィア宣言採択
1945	国際連合発足
1946	日）日本国憲法公布
1948	世界人権宣言
1966	国際人権規約
1985	ヨーロッパ地方自治憲章採択（1988年発効） 世界地方自治宣言採択
2000	日）地方分権一括法施行

【関連地図】

ギリシャ世界

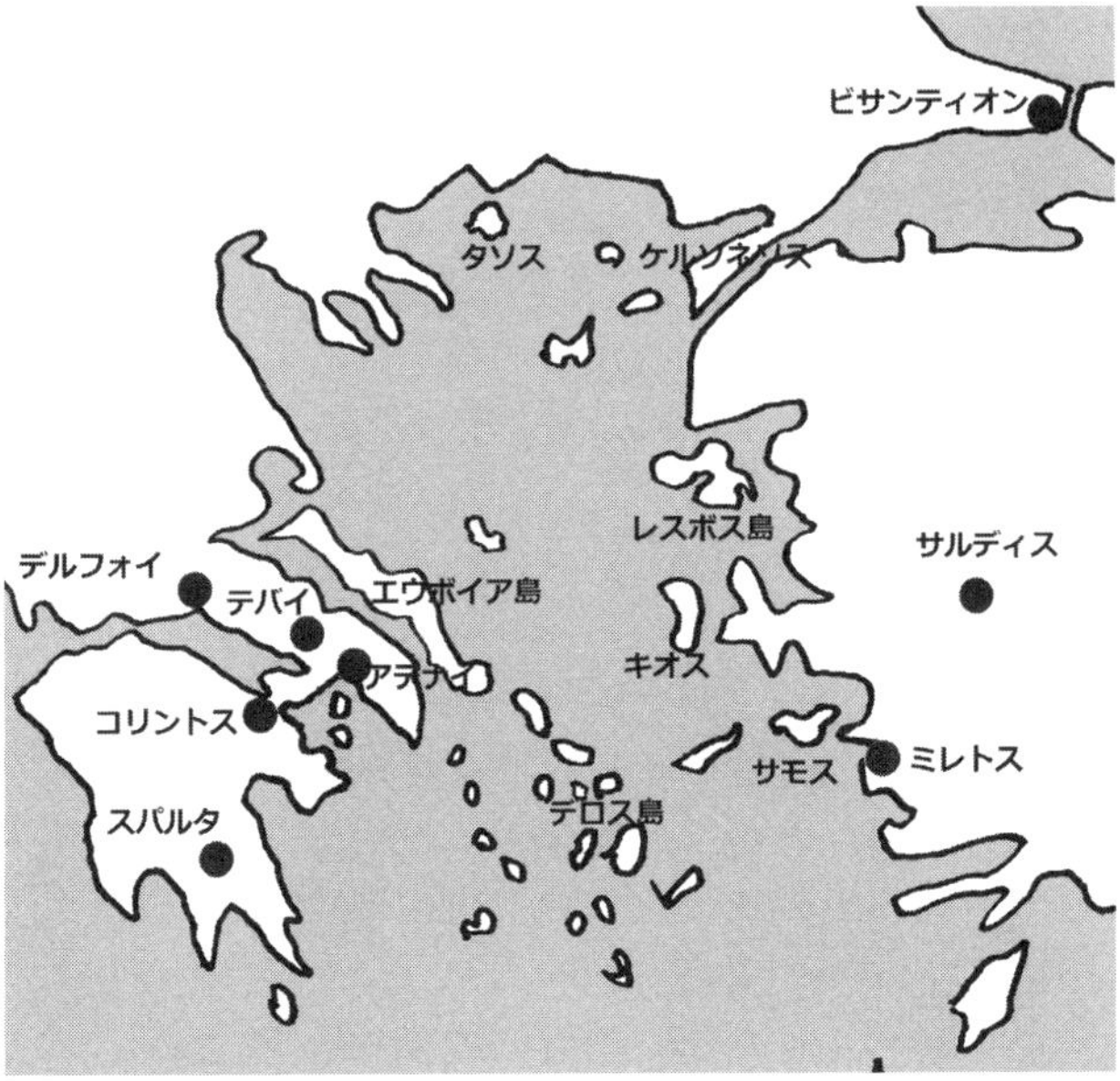

アッティカ

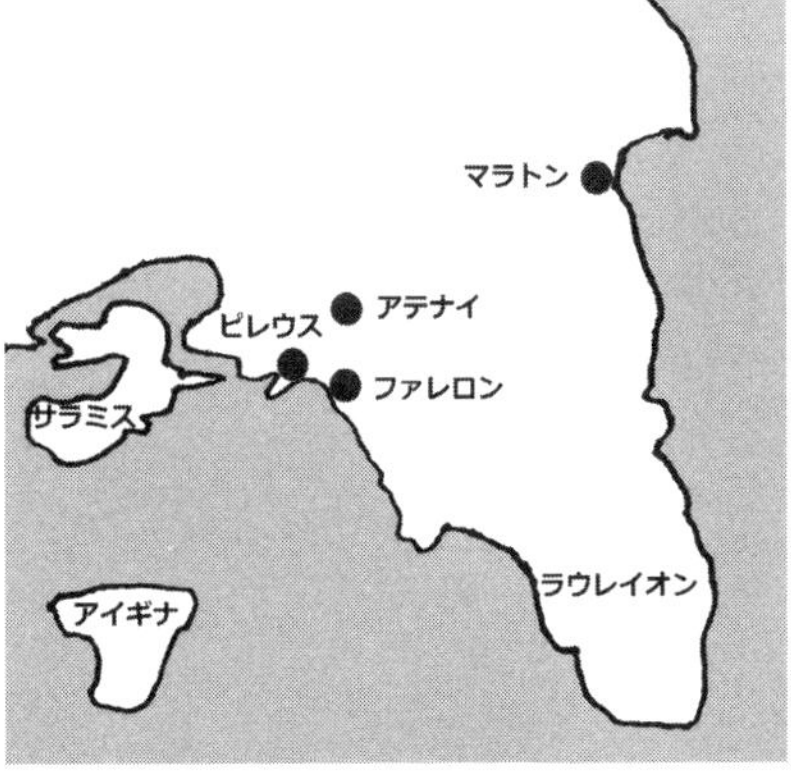

【主な参考文献】

アリストテレス全集１９「アテナイ人の国制」（橋場弦訳）　岩波書店　2014 年
アリストテレス「政治学」（山本光雄訳）　岩波文庫　1973 年
ヘロドトス「歴史」上・中・下（松平千秋訳）　岩波文庫　2007 年
トゥーキュディデース「戦史」上・中・下（久保正彰訳）　岩波文庫　2014 年
プルタルコス「英雄伝」上・中・下（村川堅太郎編）　ちくま学芸文庫　2003 年
橋場弦「民主主義の源流」　講談社学術文庫　2016 年
前沢伸行「ポリス社会に生きる」　山川出版社　2004 年
伊藤貞夫「古典期アテネの政治と社会」　東京大学出版会　1997 年
村川堅太郎・長谷川博隆・高橋秀「ギリシア・ローマの盛衰」　講談社学術文庫
2004 年
桜井万里子・木村俊二「世界の歴史⑤　ギリシアとローマ」　中公文庫　2010 年
村田数之亮・衣笠茂「世界の歴史④　ギリシア」　河出書房新社　2007 年
太田秀通「生活の世界歴史③　ポリスの市民生活」　河出書房新社　2002 年
ピエール・ブリュレ「都市国家アテネ」（青柳正規訳）　創元社　1997 年
周藤芳幸・村田奈々子「ギリシアを知る事典」　東京堂出版　2000 年
市川定春「古代ギリシア人の戦争」　新紀元社　2003 年
バーナード・クリック「デモクラシー」（添谷育志・金田耕一訳）　岩波書店
2004 年
佐々木毅「民主主義という不思議な仕組み」　ちくまプリマ―新書　2007 年
福田歓一「政治学史」　東京大学出版会　2004 年
福田歓一「近代民主主義とその展望」　岩波新書　1977 年
松下圭一「ロック『市民政府論』を読む」　岩波現代文庫　2014 年
松下圭一「政策型思考と政治」　東京大学出版会　1991 年
石田雄「一語の事典　自治」　三省堂　1998 年
鳴海正泰「地方分権の思想」　学陽書房　1994 年

【著者紹介】

神谷　秀之（かみや・ひでゆき）
ジャーナリスト。時事通信社記者時代は、省庁や自治体の行政を主に取材。1995 年に発生した阪神・淡路大震災では、防災担当の国土庁（当時）、被災地の神戸市・兵庫県などを担当した。自治・分権、防災などをテーマに活動している。

〔主な著書〕

「震災復旧・復興と『国の壁』」（公人の友社）
「自治体連携と受援力」（桜井誠一との共著、公人の友社）
「現場からの警告　阪神・淡路大震災 10 年」（神戸新聞総合出版センター）
「市民自治の思想　地域現場からの出発」（時事通信オンデマンドブックレット）
「自治キーワード考　分権を言葉から探る」（同）
「地方分権が必要な２３の理由　ニッポン沈没を防ぐために」（同）

市民自治創生史
―古代ギリシャから現代―

2021年1月28日　第1版第1刷発行

著　者　　神谷秀之
発行人　　武内英晴
発行所　　公人の友社
〒112-0002　東京都文京区小石川5-26-8
TEL 03-3811-5701　FAX 03-3811-5795
e-mail: info@koujinnotomo.com
http://koujinnotomo.com/
印刷所　　モリモト印刷株式会社

ISBN978-4-87555-854-5